Fehlbarkeit und Nichtschadensprinzip

TVZ

Frank Mathwig, Torsten Meireis, Rouven Porz (Hg.)

Fehlbarkeit und Nichtschadensprinzip

Ein Dilemma im Gesundheitswesen

T V Z

Theologischer Verlag Zürich

Der Theologische Verlag Zürich wird vom Bundesamt für Kultur mit einem Strukturbeitrag für die Jahre 2016–2018 unterstützt.

Bibliografische Informationen der Deutschen Nationalbibliothek
Die Deutsche Nationalbibliothek verzeichnet diese Publikation in der Deutschen Nationalbibliografie; detaillierte bibliografische Daten sind im Internet über http://dnb.d-nb.de abrufbar.

Umschlaggestaltung
Simone Ackermann, Zürich
unter Verwendung einer Fotografie vom AOK-Mediendienst

Druck
Rosch Buch GmbH, Schesslitz

ISBN 978-3-290-17861-1

www.tvz-verlag.ch

Inhalt

Vorwort

Mit dem vorliegenden Band liegt die mittlerweile dritte Veröffentlichung der Berner Arbeitsgemeinschaft Ethics and Care vor. Wie im Falle der beiden vorhergehenden Ausgaben stand auch an ihrem Beginn eine Forschungstagung, die Theoretikerinnen und Praktiker verschiedener Disziplinen zusammenführte – die Beiträge der Tagung wurden durch weitere Texte ergänzt.

Der erste der vorhergehenden Sammelbände war durch das medizin- und pflegeethische Prinzip der Autonomie (*respect for autonomy*) inspiriert und fragte kritisch nach, wie sich die Menschenwürde, als deren bevorzugte Konkretisierung dieses Prinzip des Respekts gilt, im Kontext des vierten Lebensalters ausnimmt, in dem oft genug gerade eine faktische Beeinträchtigung der Selbstbestimmung durch Demenzkrankheit oder Fragilität vorliegt.

Der zweite Band war durch das normative Prinzip der Fürsorge und des Wohltuns (*beneficence*) angeregt und versammelte interdisziplinäre Beiträge zu der Frage, wie Fürsorge und Macht sich zueinander verhalten und ein destruktiver Paternalismus der Behandelnden, Pflegenden oder Angehörigen ebenso vermieden werden kann wie die Auslagerung jeder Verantwortung an die Patientinnen und Klienten.

Die aktuelle Publikation geht dem schon im hippokratischen Eid repräsentierten Prinzip der Schadensvermeidung (*nonmaleficence*) im Kontext der menschlichen Fehlbarkeit nach, ein nächster Band wird sich dem Gerechtigkeitsprinzip unter der Leitfrage nach der Möglichkeit, Ungleichheit zu rechtfertigen, widmen.

Wie stets sei allen Mitgliedern des Arbeitskreises Ethics and Care gedankt, ebenso den Beitragenden dieses Bandes und Frau Briner vom TVZ für die stets freundliche und zuverlässige verlegerische Begleitung.

Bern, im Januar 2017

Frank Mathwig
Torsten Meireis
Rouven Porz

Torsten Meireis/Frank Mathwig

Einleitung: Fehlbarkeit und Nichtschadensprinzip

Ein Dilemma im Gesundheitswesen

Das Nichtschadensprinzip gehört zu den ältesten Prinzipien der medizinischen Kunst: Auf Scribonius Largus wird der Merksatz zurückgeführt, der in seiner vollständigen Gestalt Schadensfreiheit und Vorsicht, noch vor der Heilung priorisiert. *Primum nil nocere, secundum cavere, tertium sanare*: Das Erste sei es, dem Patienten nicht zu schaden, das Zweite, sich vorzusehen, das Dritte, zu heilen. Insofern gehört das Nichtschadensprinzip zum Kernbestand der klassischen Ethik der gesundheitsbezogenen Berufe.[1]

Doch Fehlbarkeit und Nichtschadensprinzip konstituieren ein Dilemma: Denn einerseits machte nur der keine Fehler, der sowohl auf Tun wie auch Unterlassen verzichtete – aber das ist keine menschliche Möglichkeit. Und andererseits soll ja gerade das Schaden vermieden werden, selbst um den Preis der Heilung. Beide, die Fehlbarkeit wie das Nichtschadensprinzip, gewinnen angesichts der enormen Effektivität moderner Technologien an Bedeutung.

Das Prinzip «in dubio pro malo» – frei übersetzt: im Zweifel für den Fehler – empfahl Hans Jonas der Technologiegesellschaft als leitendes Entscheidungskriterium.[2] Dass menschliches Handeln irrtums- und fehleranfällig ist, weiss schon der Volksmund: «Wo gehobelt wird, fallen Späne.» Je umfassender die Eingriffstiefe und Reichweite technologischen Handelns, desto folgenreicher zeigen sich auch seine Fehler und Missgeschicke. Dass eine Menge schiefgehen kann, wenn Menschen am Werk sind, ist trivial.

Im Gesundheitswesen sind «Fehler» – wie überall im menschlichen Leben – an der Tagesordnung, gleichwohl können sie leicht hochdramatische Folgen haben. Zur gleichen Zeit wächst mit der Ökonomisierung im Kontext

1 Vgl. Harro Albrecht, Primum nil nocere, Die Zeit vom 06.04.2005; www.zeit.de/2005/15/M-Hypokrates (04.01.2016).

2 Hans Jonas, Das Prinzip Verantwortung. Versuch einer Ethik für die technologische Zivilisation, Frankfurt/M. 1984, 391.

des New Public Management der Effizienzdruck und der Spielraum für absichernde doppelte Prüfkreisläufe und Ähnliches schwindet. Die zunehmende Verrechtlichung vergrössert ausserdem den Anreiz, mit dem Hinweis auf die Patientenautonomie Verantwortung zu externalisieren.

Der Band untersucht, welche ethisch verantwortbaren, strukturellen Massnahmen sich in diesem Kontext anbieten und wirft einen Blick auf die individuelle und existenzielle Belastung der Behandelnden. Denn ob es auch Schuld bedeutet, wenn Fehler unterlaufen, und ob angesichts ökonomischer und juridischer Zwänge überhaupt noch Raum für Schuldeingeständnisse und Vergebung besteht, bedarf der Klärung. Zu diesem Zweck werden drei Schritte vollzogen. In einem ersten Teil geht es um grundsätzliche Zugänge. *Regula Schmidt* erläutert die Problemlage an einem Beispiel aus der ärztlichen und pflegerischen Praxis. *Frank Mathwig* beschäftigt sich mit der Frage, was genau unter einem Fehler zu verstehen sei und sucht dazu das relevante Begriffsfeld zu erhellen. Er unterscheidet zunächst die in einem für folgenträchtige Fehler anfälligen Umfeld bedeutsamen Haltungen der Zuversicht und des Vertrauens, erläutert dann die Differenz von Gefahr und Risiko und gelangt schliesslich zu einer Definition des Fehlerbegriffs. Unter dem Begriff der Fehlerfreundlichkeit bzw. der Fehlerkultur fasst er das Programm eines Umgangs mit Fehlern, der die menschliche Fehlbarkeit berücksichtigt und nicht der Illusion vollständiger Fehlervermeidbarkeit aufsitzt – allerdings beurteilt er diese Strategien kritisch, weil sie ihrerseits Beherrschbarkeit suggerieren.

Ein zweiter Teil ist den konkreten Problemlagen der Fehlbarkeit im Gesundheitswesen gewidmet. *Michelle Salathé* widmet sich der Fehlbarkeit in juridischer Sicht, indem sie zunächst die Differenz von Fehler und Schaden thematisiert. In einem zweiten Schritt erläutert sie die rückblickende Verantwortung, die sich in Haftungs- und Schadensersatzpflichten manifestiert, in einem dritten die prospektive Verantwortung zum Lernen aus Fehlern, wobei sie besonders auf das Dilemma eines allseits erwünschten offenen Umgangs mit Fehlern einerseits und der Furcht vor rechtlichen Folgen eines solchen Umgangs andererseits hinweist und in einem Fazit Strategien zur Bearbeitung dieses Dilemmas skizziert. *Konstantin Beck* beleuchtet die Versicherungsperspektive, indem er zunächst die grundlegenden Bedingungen dieser Sicht – ein eingeschränkter Informationszugang sowie eine statistische Perspektive – vorstellt, um dann Problemlagen an einem konkreten Fall zu erörtern. In diesem geht es vor allem um die Vollständigkeit der Herstellerinformation zu Risiken und Nebenwirkungen. Beck plädiert dann zur Informationsverbesserung für die Einpreisung dieser Risiken. *Eva-Maria Jordi* führt in die organisatorischen Instrumente der Fehlerbearbeitung ein, indem sie zunächst die Herausforderung der Fehlbarkeit und das Umdenken skizziert, das vom Versuch der Fehlervermeidung zum angemessenen Umgang mit – als unvermeidlich verstandener – menschlicher Fehlbarkeit geführt hat und sich im Begriff der Sicherheitskultur fassen lässt, um dann das *Critical Incident Reporting System* (CIRS) am Beispiel der Praxis des Universitätskinderspitals Basel zu erläutern. *Cornel Schiess und Settimio Monteverde* erläutern am Beispiel der *second victims*, der durch Fehlereignisse mit einer Patientenschädigung traumatisierten Pflegepersonen, was der Umgang mit Fehlbarkeit im Pflegekontext bedeutet und machen am Beispiel von Sturzereignissen deutlich, wie ein gedeihlicher Umgang mit Fehlbarkeit im Pflegeprozess gestaltet werden kann.

Im dritten Teil wird schliesslich der Umgang mit den Folgen der Fehlbarkeit in der Perspektive der Ethik und der Spiritual Care thematisiert. *Monika Bobbert* unternimmt eine Einschätzung der ethischen Problemlagen des Phänomens, indem sie zunächst die Strategie des Lernens aus Fehlern sowie die Konzentration auf das Handeln der Einzelnen am Ende der Verantwortungskette problematisiert. Insgesamt betont sie, dass die Problemzusammenhänge nicht nur individualethisch, sondern vor allem strukturethisch zu bearbeiten sind. In einem zweiten Schritt stellt sie die Komponenten des ethischen Verantwortungsbegriffs dar, der als Zuschreibungskonzept verstanden wird, um dann die Verantwortungsproblematik in arbeitsteiligen Zusammenhängen zu beleuchten. Von der Unterscheidung zwischen retro- und prospektiver Verantwortung gelangt Bobbert zum Verhältnis von Schuld und Verantwortung, das den Blick auf die Vergebungsbedürftigkeit als anthropologischer Grundkonstante richtet. Das Problem des Umgangs mit Schuld stellt *Isabelle Noth* in den Mittelpunkt ihrer Ausführungen, in denen sie zunächst aufzeigt, dass und warum ein eigenes Fehlereingeständnis sehr schwer fällt, um dann den Schuldbegriff aus seelsorglich-psychologischer Perspektive zu erläutern. Dabei rückt sie besonders die erhebliche empirische Differenz zwischen zuschreibbarer und empfundener Schuld ins Zentrum der Aufmerksamkeit, zu deren Bearbeitung schliesslich die Verfahren und Sichtweisen der Spiritual Care vorgestellt werden.

So sicher Schadensvermeidung (*nonmaleficence*) und eine Haltung der Verantwortung zum Ethos von Ärztinnen, Ärzten und Pflegenden gehören, so gewiss organisatorisch Möglichkeiten des Lernens aus und der Vermeidung von Fehlern genutzt werden sollten, so unhintergehbar ist menschliche Fehlbarkeit. Der Band macht darauf aufmerksam, dass nicht nur die strukturelle und kostenintensive Berücksichtigung solcher Fehlbarkeit gegen allgegenwärtige Effizienzimperative zählt, sondern auch die – ebenfalls keineswegs billige – Vergebungsbitte und die ihr korrespondierende Vergebungsbereitschaft für eine humane Kultur des Gesundheitswesens zentral sind.

I. Menschliche Fehlbarkeit im Kontext von Krankheit und Gesundheit: Zugänge

Frank Mathwig

Fehler als Chance und Risiko

«‹Macht mehr Fehler und macht sie schneller, denn woraus sonst wollt ihr etwas lernen›, lautete die Aufforderung, von der viele nicht verstanden, dass ihr zu folgen bereits der erste Fehler war, aus dem etwas zu lernen ist.»

Dirk Baecker[1]

«Der Irrtum, der uns gleichgültig macht oder irrtumsimmun – es könnte leicht der letzte sein!»

Bernd Guggenberger[2]

I. Einleitung

Aus Schaden wird man klug – jedenfalls sofern der eingetretene Schaden den Genuss des späteren Lernerfolges nicht beeinträchtigt oder gar unmöglich macht. In der Medizin stösst die Alltagsweisheit schnell an ihre Grenzen, denn was nützt der Patientin der Erkenntnisgewinn des Arztes, wenn dieser aus einem Schaden resultiert, der sie ihre Gesundheit oder ihr Leben kostet? In der Regel sind die Leidtragenden eines fehlerhaften Verhaltens in der Medizin – wie in technologischen Zusammenhängen überhaupt – nicht die

---

1 Dirk Baecker, Plädoyer für eine Fehlerkultur: ders. (Hg.), Organisation und Störung. Aufsätze, Berlin 2011, 55–65 (55). Baecker zitiert aus dem Managementbestseller von Thomas J. Peters/Robert H. Waterman, Auf der Suche nach Spitzenleistungen. Was man von den bestgeführten US-Unternehmen lernen kann, München ^{3}1991 (im Original erschienen 1982: In Search of Excellence).

2 Bernd Guggenberger, Das Menschenrecht auf Irrtum. Anleitung zur Unvollkommenheit, München/Wien 1987, 134.

Handlungssubjekte selbst, sondern die Menschen, an denen gehandelt wurde oder die die Folgen zu spüren bekommen, obwohl sie in der Regel für die Entscheidungen und Handlungen weder zuständig noch verantwortlich waren. Insofern verstehen sich die Ausdrücke «Fehlerfreundlichkeit», «Fehler», «Chance» und «Risiko» nicht von selbst. Was haben sie mit einem medizinischen Verständnis von «Schaden» oder dem bioethischen Prinzip des «Nicht-Schadens» zu tun? Alltagssprachlich sind die genannten Begriffe eindeutig normativ konnotiert: Schäden und Fehler negativ, Chancen und Freundlichkeit positiv, Risiken mal so, mal so. Die Begriffssammlung könnte noch beliebig ergänzt werden, etwa um die Ausdrücke «Sicherheit» und «Unsicherheit», die als Metakategorie den erkenntnistheoretischen Rahmen von Fehler- und Risikodiskursen abstecken oder den Ausdruck «Krise», der – seit Hippokrates zentral für das medizinische Krankheitsverständnis – zunehmend durch technische Risikokonstrukte abgelöst wird. Ungeachtet dieses Schattendaseins bilden Krisenvorstellungen nach wie vor eine Art unsichtbaren Reflexionshintergrund für die aktuellen Risiko- und Fehlerdebatten: «Es liegt im Wesen der Krise, dass eine Entscheidung fällig ist, aber noch nicht gefallen. Und es gehört ebenso zur Krise, dass offenbleibt, welche Entscheidung fällt. Die allgemeine Unsicherheit in einer kritischen Situation ist also durchzogen von der einen Gewissheit, dass – unbestimmt wann, aber doch bestimmt, unsicher wie, aber doch sicher – ein Ende des kritischen Zustandes bevorsteht. Die mögliche Lösung bleibt ungewiss, das Ende selbst aber, ein Umschlag der bestehenden Verhältnisse – drohend und befürchtet oder hoffnungsfroh herbeigewünscht – ist den Menschen gewiss. Die Krise beschwört die Frage an die geschichtliche Zukunft.»[3]

Der Krisenbegriff führt auf dramatische Weise die Realität menschlicher Kontingenzerfahrungen – diesseits naiver und/oder strategischer Machbarkeits- und Sicherheitsphantasien – vor Augen, die sich im Spitalbetrieb prägnant verdichten: Da wird geboren, gestorben, gehofft und gelitten, da liegen Verzweiflung und Glück, Triumph und Niederlage hautnah beieinander, niemand kann voraussagen, ob, wann und wie etwas jemanden treffen wird oder verschont und niemand weiss, warum es die eine erwischt, aber nicht den anderen. Gerade im Krankenhaus wird über die «Karriere des nächsten Augenblicks» (Ernst Bloch) viel spekuliert und wenig gewusst. Die – medizinisch

—

3 Reinhart Koselleck, Kritik und Krise. Eine Studie zur Pathogenese der bürgerlichen Welt, Frankfurt/M. 1973, 105. Zum Krisenbegriff in der technologischen Zivilisation und den Wissenschaften vgl. Frank Mathwig, Technikethik – Ethiktechnik. Was leistet Angewandte Ethik?, Stuttgart 2000, 86–114.

gewendet – chronischen Unsicherheiten stecken unter jeder Patientendecke und in den Dienstkleidungen aller Beteiligten. Erträglich sind die ganzen Unwägbarkeiten und Ungewissheiten nur, weil sie im Rahmen professioneller Strukturen und Routinen begegnen und bearbeitet werden und die Hoffnung bestätigen, dort würde im Grossen und Ganzen schon alles richtig – d. h. professionell im Sinne eines definierten und mehr oder weniger in der *scientific-community*-konsensualen *state of the art* – laufen. Das *Pathos* des Helfens («wir tun unser Möglichstes und wollen nur das Beste für Sie») macht das *pathein* der Patientinnen und Patienten vielleicht nicht immer erträglich, aber zumindest plausibel und im günstigen Fall vertrauenswürdig.

II. Vertrauen und Zuversicht

Tatsächlich stellen Fehlerdiskurse in der Medizin nicht nur eine mit gehöriger sozialer Anerkennung und akademischer Reputation ausgestattete Berufsgruppe in Frage. Mindestens ebenso schwer wiegt die Konsequenz für die Gegenseite, dass die vertrauensvolle Hingabe des eigenen kranken Leibes einen durchaus riskanten Entschluss darstellt, der sich im Nachhinein als Fehler respektive Fehlentscheidung herausstellen könnte. Bereits an dieser Stelle zeigt sich, dass in medizinischen Zusammenhängen mindestens zwischen zwei Risiko- und Fehlerdiskursen unterschieden werden muss, einem der Akteurinnen und Akteure und einem der Patientinnen und Patienten. Dass aus Fehlern gelernt werden kann und muss, bedeutet für beide Seiten unter Umständen etwas völlig anderes.

Die lange Liste möglicher Zwischenfälle, Risiken und Nebenwirkungen, die jemand mit seiner Unterschrift billigend in Kauf nimmt, allein um die für die anstehende OP notwendige Anästhesie zu erhalten, lässt sich nur unter der stillschweigenden Voraussetzung akzeptieren, dass die Zustimmung ohne echte Alternative erfolgt (dass also die negativen Folgen einer Verweigerung als gravierender und wahrscheinlicher eingestuft werden), dass professionell gearbeitet wird und dass die Risiken angemessen kalkuliert werden. Die Patientinnen und Patienten können das Risiko ihrer Unterschrift – wenn überhaupt – nur in sehr begrenztem Umfang einschätzen. Sie werden ihre Amateurrolle im Spiel nicht los. Im Bewusstsein ihres Nichtwissens bleibt ihnen im Grunde nichts anderes übrig, als dem medizinischen Personal zu vertrauen. Dieses Vertrauen setzt in doppelter Hinsicht auf Fehlerfreundlichkeit: Wer vertraut, muss immer damit rechnen, dass seine Erwartungen nicht erfüllt werden, vor allem dann, wenn – wie in der Medizin üblich – Vertrauen nicht an ein von der Gegenseite gegebenes Versprechen anschliessen kann. Medizin kommuniziert vieles, aber generiert keine Erfolgsversprechen – unabhängig davon, dass manche medizinische Rhetorik etwas Derartiges suggeriert.

Fehlerfreundlichkeit besteht also nicht nur im Blick auf den Gegenstand des Vertrauens (etwa dass eine Diagnose zutrifft, die gewählte Therapie angezeigt ist und im günstigen Fall auch anschlägt), sondern auch hinsichtlich der Tatsache, dass sich das entgegengebrachte Vertrauen als Irrtum herausstellen kann, nicht, weil keine Besserung der Gesundheitsbeschwerden eingetreten ist, sondern weil die falsche Diagnose gestellt, eine unangebrachte Therapie gewählt oder diese unsachgemäss durchgeführt wurde.[4] Entscheidend ist, dass die Patientin oder der Patient nur zwischen der Alternative Fehlertoleranz oder Behandlungsverzicht wählen kann. Die dritte Option der Fehlertransparenz liefe auf die illusorische Forderung nach totaler Kontrolle des Medizinsystems durch die Patientinnen und Patienten heraus. Das Umstellen von Vertrauen auf Misstrauen bedeutete eine völlige Überforderung und Verunsicherung der Patientinnen und Patienten: Der inzwischen in den ärztlichen Sprechzimmern allgegenwärtige «Dr. Google» fördert nicht die durchaus wünschenswerte Fähigkeit der Patientinnen und Patienten zur Kritik, sondern nur deren Verunsicherung und Argwohn, die sich signifikanterweise regelmässig gegen die Aussagen konkreter Personen, aber nicht gegen anonyme Behauptungen auf einschlägigen Internetportalen richten. Aber wie soll jemand im Krankheitsfall unvoreingenommen reagieren, wenn sie oder er weiss, dass sich in den USA und Grossbritannien medizinische Behandlungsfehler in einer Grössenordnung zwischen 3,7–16 % bewegen und dass die Häufigkeit von Fehldiagnosen – gemäss neuerer Studien – bei 59–74 % liegt?[5]

—

4 Wichtig ist hier die Unterscheidung zwischen Erfüllungs- und Erwartungssicherheit. Keine Patientin kann erwarten, dass die Behandlung des Arztes erfolgreich ist, aber sie kann erwarten, dass sich der Arzt nach bestem Wissen und Gewissen darum bemüht. Vgl. dazu nach wie vor grundlegend Niklas Luhmann, Normen in soziologischer Perspektive: Soziale Welt 20/1969, 28–48.

5 Vgl. die aufgeführten Studien bei Matthias Briner, Organisationspsychologische Befunde zum klinischen Risikomanagement: Einführung und Überblick aus mehrjähriger Forschung: Wirtschaftspsychologie 2/2012, 81–87; David L. B. Schwappach/Dieter Conen, Patientensicherheit – wen kümmert es?: Clinotel journal Artikel-ID#006, 31.10.2012; grundlegend Nils Löber, Fehler und Fehlerkultur im Krankenhaus. Eine theoretisch-konzeptionelle Betrachtung, Wiesbaden 2012; ders.,

Die Unsicherheit der eigenen Gesundheitssituation scheint durch die Verunsicherung im Blick auf die naheliegende Inanspruchnahme medizinischer Hilfe in gewisser Weise verdoppelt zu werden.

In der Krankenhausrealität begegnen solche Überlegungen allerdings eher selten und wenn, dann widersprechen sie der Art und Weise, wie Menschen ihren Alltag angehen und bewältigen. «Every day and in hundreds of ways we trust to do what they say, to play the rules and to behave reasonably. We trust other drivers to drive safely; we trust postal staff to deliver letters efficiently – more or less; we trust teachers to prepare our children for exams; we trust colleagues to do what they say; we even trust strangers to tell us the way.»[6] Niklas Luhmann hat im Blick auf die Selbstverständlichkeiten, mit denen Menschen sich in ihrer Lebenswelt bewegen, unterschieden zwischen Zuversicht (*confidence*) und Vertrauen (*trust*). «Der Normalfall ist jener der Zuversicht. Der Mensch ist zuversichtlich, dass seine Erwartungen nicht enttäuscht werden: dass Politiker versuchen, Krieg zu vermeiden, dass Autos keine Panne haben oder plötzlich die Strasse verlassen, sodass man beim Spaziergang am Sonntagnachmittag überfahren zu werden droht. Man kann nicht leben, ohne Erwartungen in Bezug auf kontingente Ereignisse zu entwickeln, und man muss die Möglichkeit der Enttäuschung dabei mehr oder minder vernachlässigen. Man vernachlässigt diese, da sie eine sehr selten eintretende Möglichkeit ist, aber auch, weil man nicht weiss, was man sonst tun könnte. Die Alternative ist, in einer Welt permanenter Ungewissheit zu leben und seine Erwartungen zurückzuziehen, ohne irgend etwas zu haben, das sie ersetzen könnte.»[7] Zuversicht betrifft das Zutrauen in die äusseren Umstände (bei uns besteht kein Anlass, die heimischen vier Wände nur schwer bewaffnet zu verlassen) und ist – zumindest in einer kontingenten Welt – völlig unverzichtbar. Vertrauen betrifft dagegen interne Faktoren und beruht auf einer

---

Fehler und Fehlerkultur im Krankenhaus – eine theoretisch-konzeptionelle Betrachtung: Sabine Fliess (Hg.), Beiträge zur Dienstleistungsmarketing-Forschung, Wiesbaden 2011, 221–251; Walter Merkle (Hg.), Risikomanagement und Fehlervermeidung im Krankenhaus, Berlin/Heidelberg 2014.

6 Onora O'Neill, A Question of Trust, Cambridge 2002, 23f.; vgl. dies., Autonomy and Trust in Bioethics, Cambridge 2003; Niklas Luhmann, Vertrauen. Ein Mechanismus der Reduktion sozialer Komplexität, Stuttgart [4]2000; Martin Hartmann, Die Praxis des Vertrauens, Berlin 2011; ders./Claus Offe (Hg.), Vertrauen. Die Grundlage des sozialen Zusammenhalts, Frankfurt/M. 2001.

7 Niklas Luhmann, Vertrautheit, Zuversicht, Vertrauen: Probleme und Alternativen: Hartmann/Offe 2001 (Anm. 6), 143–160 (148).

Abwägung der Risiken, die um eines Vorteils willen eingegangen werden. Die Aussichten auf einen Vorteil oder Gewinn motivieren zu riskanten Entscheidungen, die nicht erzwungen sind, weil auf den Vorteil oder Gewinn auch verzichtet werden kann. Wer eine Partnerschaft eingeht, riskiert, betrogen zu werden, wer das Risiko vermeidet, entgeht einer solchen Enttäuschung, verzichtet aber auch auf die Genüsse und Vorzüge, die eine Beziehung versprechen.

Vertrauen beruht auf einer «riskanten Vorleistung»[8] der Person, die vertraut, gegenüber der Person oder Institution, der sie vertraut. Sie besteht nicht in der Erwartung, dass keine Fehler passieren, sondern darin, dass alles getan wird, um Fehler zu vermeiden. Vertraut wird somit den weitgehend anonymen Strukturen und Verfahren, in die die Entscheidungen und Handlungen konkreter, identifizierbarer Subjekte eingebettet sind. «Das Vertrauen in die Funktionsfähigkeit von Systemen schliesst Vertrauen in die Funktionsfähigkeit ihrer immanenten Kontrollen ein. Die Risikoneigung muss in diesen Systemen selbst unter Kontrolle gehalten werden.»[9] Vertraut werden muss also nicht nur der behandelnden Ärztin oder dem betreuenden Pflegepersonal, sondern ebenso dem diese kontrollierenden Medizinsystem. An die Stelle eines personalen Vertrauensverhältnisses tritt ein Systemvertrauen, das «gewisse Funktionen und Züge der Vertrautheit in sich aufgenommen hat, also eigentlich jenseits von persönlich geleistetem Vertrauen und Misstrauen liegt».[10]

Dahinter steht die Einsicht, 1., dass eine präzise Vorhersage zukünftiger Zustände unmöglich ist, 2., dass eine lückenlose Kontrolle über die Folgen und Wirkungen von Handlungen und erst recht von Handlungssystemen unmöglich ist und 3., dass auch vollständige Transparenz – unterstellt, sie wäre möglich – nichts nützen würde, weil Fehler weder vollständig eliminiert werden können noch in einer kontingenten Welt heute in jedem Fall gewusst werden kann, was sich morgen als Fehler entpuppen wird.

—

8 Luhmann 2000 (Anm. 6), 27.

9 Luhmann 2000 (Anm. 6), 77.

10 Luhmann 2000 (Anm. 6), 78.

III. Risiko

Die letzte Bemerkung lenkt über zu der für die Risikodiskussion konstitutive Unterscheidung zwischen den alltagssprachlich häufig synonym verwendeten Begriffen «Risiko» und «Gefahr». Beide Ausdrücke werden oft als Gegenbegriffe zur «Sicherheit» verstanden und begegnen in der Kommunikation über mögliche, zukünftig eintretende Schäden. Ob es sich dabei um ein Risiko oder eine Gefahr handelt, hängt «davon ab, wem und wie etwaige Schäden zugerechnet werden. Im Falle von Selbstzurechnung handelt es sich um Risiken, im Fall von Fremdzurechnung um Gefahren. Nur für Raucher ist Krebs ein Risiko, für andere ist er nach wie vor eine Gefahr. [...] Von Gefahren spricht man dagegen, wenn und soweit man die etwaigen Schäden auf Ursachen ausserhalb der eigenen Kontrolle zurechnet.»[11] Risiken werden aktiv eingegangen um möglicher Vorteile willen, die anders nicht zu haben sind. In diesem Sinne begegnet der Risikobegriff zuerst in den italienischen Handelsstädten und der Seefahrt im ausgehenden 14. Jahrhundert: Natürlich war es riskant, die sichere Heimat zu verlassen, aber daheim bot sich keine Chance, Handel zu treiben und Neues zu entdecken. In einem engeren Sinne stehen «Risiko» und «Chance» für negativ oder positiv bewertete mögliche Konsequenzen von Entscheidungsalternativen.[12]

Es kommt an dieser Stelle nicht auf die Feinheiten und Verästelungen der Risikodebatten an. Wichtig ist die Unterscheidung, dass sich Risiken auf zurechenbare Folgen und Wirkungen menschlichen Handelns beziehen, während Gefahren Geschehnisse bezeichnen, die jenseits menschlicher Verursachung liegen. Niklas Luhmann hat die Differenz an einem simplen Beispiel veranschaulicht. «Wenn es Regenschirme gibt, kann man nicht mehr risikofrei leben: Die Gefahr, dass man durch Regen nass wird, wird zum Risiko, das man eingeht, wenn man den Regenschirm nicht mitnimmt. Aber wenn man

---

11 Niklas Luhmann, Risiko und Gefahr: Felix Philipp Ingold/Yvette Sánchez (Hg.), Fehler im System. Irrtum, Defizit und Katastrophe als Faktoren kultureller Produktivität, Göttingen 2008, 337–367 (356).

12 Vgl. Julian Nida-Rümelin/Johann Schulenburg, Risiko: Armin Grunwald (Hg.), Handbuch Technikethik, Stuttgart 2013, 18–22 (19); vgl. auch Julian Nida-Rümelin, Ethik des Risikos: ders. (Hg.), Angewandte Ethik. Die Bereichsethiken und ihre theoretische Fundierung, Stuttgart ^{2}2005, 863–885.

ihn mitnimmt, läuft man das Risiko, ihn irgendwo liegenzulassen.»[13] Daraus folgt: Gefahren sind keine Fehler. Wetter, Erdbeben oder Vulkanausbrüche sind fehlerindifferent. Dagegen müssen Risiken, die um der Realisierung zukünftiger Chance willen eingegangen werden, grundsätzlich mit Fehlern rechnen können oder diese sogar bewusst einkalkulieren.

Dieser auf konkrete Handlungen bezogene Risikobegriff lässt sich aber nur sehr eingeschränkt auf die Medizin übertragen. Zweifellos können Menschen ihre Gesundheit durch das eigene Verhalten riskieren. Aber sobald ihre Gesundheit resp. Krankheit zum Gegenstand des Medizinsystems wird, findet sozusagen eine Verdoppelung der Risikoperspektive statt. Aus medizinischer Sicht sind Gesundheits- und Krankheitsrisiken «keine konkrete Realität, sondern eine bestimmte Form der Objektivierung möglicher Ereignisse und ihrer Eintrittswahrscheinlichkeit. ‹Nothing is a risk itself. There is no risk in reality. But on the other hand, anything *can* be a risk›.»[14] Die Medizin arbeitet mit sogenannten probabilistischen Risiken. Als «statistische Konstrukte […] beziffern [sie] Wahrscheinlichkeiten für kontingente Ereignisse in Grundgesamtheiten. […] Die Regelmässigkeiten der grossen Zahlen, also auch der probabilistischen Risiken, gelten für Kollektive, nicht aber für Einzelne.»[15] Die Pointe einer solchen Risikokalkulation besteht darin, dass sie trotz des methodischen Ausblendens konkreter Lebensumstände und -aussichten von Individuen als Grundlage für persönliche Entscheidungen dienen. «Probabilistische Risiken, von der Medizinstatistik kalkuliert und durch die evidenzbasierte Medizin, Testverfahren, Informationsbeilagen und Entscheidungshilfen verbreitet, erzeugen also neuartige Entscheidungssituationen, indem sie die Wissens- und Erwägungshorizonte der Akteure verändern.»[16]

Die differenzierte Risikokommunikation im Public-Health-System macht zukünftige Ungewissheit entscheidbar. Sie arbeitet dabei mit einer Art doppeltem Boden, indem sie subjektives Nichtwissen in objektive probabilistische

—

13 Niklas Luhmann, Die Moral des Risikos und das Risiko der Moral: Gotthard Bechmann (Hg.), Risiko und Gesellschaft – Grundlagen und Ergebnisse interdisziplinärer Risikoforschung, Opladen 1993, 327–338 (328).

14 Silja Samerski/Anna Henkel, Responsibilisierte Entscheidungen. Strategien und Paradoxien des sozialen Umgangs mit probabilistischen Risiken am Beispiel der Medizin: Berlin J Soziol 25/2015, 83–110 (89), mit einem Zitat von François Ewald, Insurance and risk: Graham Burchell/Colin Gordon/Peter Miller (Hg.), The Foucault Effect. Studies in Governmentality, Chicago 1991, 197–210 (199).

15 Samerski/Henkel 2015 (Anm. 14), 90.

16 Samerski/Henkel 2015 (Anm. 14), 91.

Risiken transformiert. Die Doppelstruktur führt zur Eliminierung von Nichtwissen auf der Entscheidungsebene. Nichtwissen wird dabei nicht durch Wissen, sondern statistische Wahrscheinlichkeit ersetzt. Umgekehrt formuliert verengt der Risikobegriff «zukünftige Geschehnisse, wiewohl sie völlig unvorhergesehen oder sogar prinzipiell unvorhersehbar sein mögen, auf erwartbare, statistisch berechenbare oder zumindest subjektiv abschätzbare Entscheidungsfolgen. Gänzlich *unerwartete* Konsequenzen haben, mit anderen Worten, in der Sprache des Risikos keinen Ort (oder werden [...] als Restrisiko externalisiert).»[17] Nichtwissen ist keine Kategorie jenseits von Risiko und Gefahr, sondern «in Form von Vernachlässigtem und Übersehenem, von verengten Aufmerksamkeitshorizonten und blinden Flecken in die Definition und Kalkulation von Risiken gleichsam ‹eingebettet›».[18]

IV. Fehler

Risiko- und Fehlerdiskurse sind weitgehend gegeneinander abgeschottet. Die Trennung hat einige unmittelbar einsichtige Gründe für sich: 1. Beim Risikobegriff geht es um die *Zurechnung* von Entscheidungen, Handlungen und deren Folgen, beim Fehlerbegriff um die *Feststellung* von abweichendem Verhalten relativ zu bekannten Normalformen oder -definitionen. 2. Fehler referieren auf ein *know that* oder *know how*, sie setzen ein Wissen darüber voraus, wie es richtig gewesen wäre. Risiken kalkulieren anstelle von Wissen mit Wahrscheinlichkeiten im Blick auf zukünftige Möglichkeiten. 3. Die Zeitdimension markiert eine entscheidende Differenz: Riskante Entscheidungen werden getroffen, «obwohl man die Zukunft nicht hinreichend kennen kann; und zwar nicht einmal die Zukunft, die man durch die eigenen Entscheidungen erzeugt».[19] Fehlerhaftes Handeln ist ebenfalls zukunftsgerichtet, setzt aber Bekanntes als Bezugsgrösse voraus. Die Behauptung, dass aus Fehlern gelernt werden könne, ist also streng genommen unsinnig. Denn es gibt gar nichts zu lernen, weil das fragliche Wissen *per definitionem* bereits vorhanden sein muss. Andernfalls hätten wir es nicht mit einem Fehler zu tun, sondern

—

17 Stefan Böschen/Peter Wehling, Neue Wissensarten: Risiko und Nichtwissen: Sabine Maasen et al. (Hg.), Handbuch Wissenschaftssoziologie, Wiesbaden 2012, 317–327 (320).

18 Böschen/Wehling 2012 (Anm. 17), 321.

19 Niklas Luhmann, Soziologie des Risikos, Berlin/New York 1991, 21.

mit einem Irrtum, Versehen oder schlicht mit Unwissenheit.[20] 4. Fehler sind gegenüber Risiken zeitinvariant: Ein Rechenfehler war gestern schon genauso falsch, wie er heute falsch ist und morgen falsch bleiben wird. Fehler werden im *Blick zurück* festgestellt, Risiken dagegen *im Blick nach vorn* eingegangen. 5. Fehler sind in diesem Sinne eine Funktion von Gewissheit (relativ zu seinem Referenzsystem), Risiken eine Funktion von Ungewissheit.

Die Unterscheidung zwischen Risiken und Fehlern sagt nichts über die Höhe der damit verbundenen Schäden aus. Medizinische Behandlungsfehler kosten in der Schweiz jährlich 700–1700 Patientinnen und Patienten das Leben.[21] Die reflexartige Forderung nach einer «Null-Fehler-Toleranz» – die vor allem von Spitalleitungen und Versicherungen erhoben wird – ist zwar aus der Sicht der Opfer und ihrer Angehörigen verständlich, aber genau besehen unrealistisch. Der Volksmund weiss: «Wo gehobelt wird, fallen Späne.» Diese Einsicht gilt grundsätzlich auch für komplexere und filigranere Handlungszusammenhänge, bei denen weit mehr auf dem Spiel steht. Wegen der gigantischen technologischen Havarien der jüngeren Vergangenheit hat die Fehlerforschung Dauerkonjunktur. Die Psychologie beschäftigt sich bereits seit dem ausgehenden 19. Jahrhundert mit fehlerhaftem menschlichem Verhalten. Zunächst ging es um wissenschaftliche Erklärungen für Wahrnehmungs- und Erinnerungsfehler. Die seit den 1970er Jahren aufkommenden Kognitionswissenschaften führten zu einer Ausdifferenzierung des Forschungsfeldes, das in der Organisations- und Arbeitspsychologie, in den Technikwissenschaften und der Human-Factors-Forschung aufgegriffen und weitergeführt wird.[22] Zugleich werden Fehler in der kognitionswissenschaftlichen Grundlagenforschung als «window to the mind» (Donald A. Norman) betrachtet, aus denen Erkenntnisse über die mentalen Prozesse und Strukturen menschlichen Denkens und Verhaltens gewonnen werden können.

—

20 Vgl. Klaus Mehl/Theo Wehner, Über die Schwierigkeiten, aus Fehlern zu lernen. Auf der Suche nach einer angemessenen methodischen Vorgehensweise zur Untersuchung von Handlungsfeldern: EWE 19/2008, 265–273 (272).

21 Vgl. Susanne Anderegg, In Zürich lernen Ärzte, Fehler zuzugeben: Tages-Anzeiger vom 03.06.2014, 13.

22 Vgl. Löber 2012 (Anm. 5), 9–13; Gesine Hofinger, Fehler und Unfälle: Petra Badke-Schraub/Gesine Hofinger/Kristina Lauche (Hg.), Human Factors. Psychologie sicheren Handelns in Risikobranchen, Berlin/Heidelberg [2]2012, 39–60, mit weiterer Literatur; vgl. auch EWE 19/2008, Heft 3: Fehler, vierte bis siebte Diskussionseinheit, 265–395.

Angesichts der Heterogenität der Forschung gibt es keine übereinstimmende Fehlerdefinition. Konsens besteht lediglich hinsichtlich sehr allgemeiner Merkmale: «Fehler sind eine Abweichung von einem als richtig angesehenen Verhalten oder von einem gewünschten Handlungsziel, das der Handelnde eigentlich hätte ausführen bzw. erreichen können.»[23] Sieben Aspekte können hervorgehoben werden.[24] 1. Fehler sind auf menschliches Handeln bezogen, Maschinen machen ebenso wenig Fehler wie Erdbeben. 2. Fehler betreffen Handlungsprozesse und deren Ergebnisse. 3. Fehler setzen Absichten voraus, denen – aus welchen Gründen auch immer – im Handeln nicht gefolgt wird. 4. Fehler beruhen auf Bewertungen von Handlungen und Handlungsfolgen. 5. Fehler setzen ein Wissen und Können im Blick auf die richtige Handlungsausführung voraus. 6. Fehler werden Einzelpersonen oder Gruppen zugerechnet. 7. Fehler setzen einen rationalen und kognitivistischen Handlungsbegriff voraus. Obwohl in der Fehlerforschung die Umstellung von der Frage «Wer hat was getan?» auf die Frage «Warum passieren welche Fehler?» eingefordert wird, bleiben die Konzepte im Kern doch in einer restmoralischen Zuschreibungslogik stecken. Nach wie vor dominieren personalistische (*human error*) gegenüber systemischen Ansätzen. Das gilt vor allem für die Medizin, in der immer noch eine verhaltensbezogene Fehlerprävention und eine Fehlerkultur des «retraining, naming, blaming, and shaming» (James Reason) dominieren.[25] Auch anspruchsvolle, aus der Grosstechnologie-Forschung hervorgegangene Fehlerklassifikationen, wie jene von James Reason, überwinden die Personenzentrierung im Grunde nicht.[26]

Reason kombiniert in seinem Modell verschiedene Fehlerklassifikationen und unterscheidet zwischen Ausführungs- und Planungsfehlern. Während Ausführungsfehler vor allem auf Aufmerksamkeits- und Gedächtnismängel zurückzuführen sind, beruhen Planungsfehler grösstenteils auf falschen Regelanwendungen oder einem fehlenden oder unvollständigen Regelwissen. Planungsfehler sind grundsätzlich schwerer zu identifizieren als Ausführungsfehler und werden häufig erst in der Anwendungsphase manifest. Ohne auf Reasons Schema näher einzugehen, soll auf eine Schwachstelle wenigs-

—

23 Hofinger 2012 (Anm. 22), 40.

24 Vgl. ebd.

25 Vgl. Olaf Morgenroth, Jeder Fehler zählt – Fehlerkultur zwischen Fehlerfreundlichkeit und Fehlervermeidung: EWE 19/2008, 341–345 (344); Hofinger 2012 (Anm. 22), 43.

26 Fehlerklassifikation nach Reason, Human error: Hofinger 2012 (Anm. 22), 53.

tens hingewiesen werden. Analytisch unbefriedigend ist seine Unterscheidung zwischen beabsichtigten und unbeabsichtigten Fehlern, die ein intentionales mit einem konsequenzialistischen Fehlerverständnis vermischt: Aus intentionaler Sicht macht es keinen Sinn, von unbeabsichtigten Fehlern zu sprechen. Ausserdem ist fraglich, ob eine Absicht, aus der ein fehlerhaftes Verhalten folgt, auch eine fehlerhafte oder falsche Absicht ist. Wenn Intentionen zählen, dürfen sie nicht am Ende doch nur an ihren Konsequenzen gemessen werden. Aus konsequenzialistischer Sicht wiederum spielt es keine Rolle, wodurch Fehlleistungen motiviert sind (im Gegensatz zu den Faktoren, die sie im Handlungsprozess ausgelöst haben). Ob ein Fehler bewusst oder unbewusst geschah, mag für unsere Moralhygiene bedeutungsvoll sein, ist aber aus der Fehleroptik irrelevant.

Nun ist die Erforschung von Fehlern kein Selbstzweck, sondern ihre Analyse dient der Entwicklung und Implementierung fehler-resilienter Organisations- und Sicherheitssysteme, die darauf abzielen, Fehler zuzulassen, ohne Schäden zu verursachen bzw. diese in einem akzeptablen Rahmen zu halten.[27] Es geht mit den bekannten Schlagworten um eine positiv konnotierte Fehlerkultur und Fehlerfreundlichkeit.

V. Fehlerfreundlichkeit

Der Begriff «Fehlerfreundlichkeit» stammt von der Biologin Christine von Weizsäcker, die ihn 1976 im Rahmen eines Vortrags zur militärischen und friedlichen Nutzung der Kernenergie an der Forschungsstätte der Evangelischen Studiengemeinschaft (FEST) in Heidelberg in die Diskussion einführte.[28] Der Ausdruck steht für ein Programm, dass sich gegen die – moralisch und pädagogisch – verbreitete Auffassung vom Primat der Fehler-

---

27 Zur Sicherheitsforschung vgl. Erik Hollnagel/Christopher P. Nemeth/Sidney Dekker (Hg.), Resilience Engineering Perspectives, Volume 1: Remaining Sensitive to the Possibility of Failure, London 2008; Karl E. Weick/Kathleen M. Sutcliffe, Managing the Unexpected. Performance in an Age of Complexity, San Francisco [2]2010; vgl. auch Regina Ammicht Quinn (Hg.), Sicherheitsethik, Wiesbaden 2014; Hans-Jürgen Lange/Michaela Wendekamm/Christian Endress (Hg.), Dimensionen der Sicherheitskultur, Wiesbaden 2014.

28 Vgl. Christine von Weizsäcker/Ernst Ulrich von Weizsäcker, Fehlerfreundlichkeit. Eigenschaft alles Lebendigen, Technikkriterium, Zivilisationsleistung: EWE 19/2008, 291–299 (291).

vermeidung und -korrektur richtet. «Wäre dem so, dann gäbe es viel einfachere Formen der Fehlerminimierung, nämlich das Stehenbleiben bei robusten, primitiven Formen. Die Entfaltung des Lebendigen ist aber geradezu das Gegenprogramm zur Fehlerminimierung. In Wirklichkeit dienen Fehlertoleranz und Fehlerkorrektur zugleich der Ermöglichung von Exploration und Ausdifferenzierung in einer reichhaltigen und von Überraschungen erfüllten Welt.»[29] Technologien seien analog «daraufhin zu untersuchen, ob sie Fehler, [...] von ihrer Struktur her zulassen und nutzen».[30] Ungeachtet der Schwierigkeiten, natürliche Prozesse auf technische und andere zivilisatorische und kulturelle Systeme zu übertragen, stiess die These auf einige Resonanz. Eine als Risikogesellschaft deklarierte Welt kann nicht auf Fehlerlosigkeit oder -vermeidung setzen, sondern muss mit ihren permanenten Fehlern (reflexiv) leben lernen, d. h. «Fehlerkulturen» ausbilden.

Aber was ist eine Fehlerkultur und wozu bildet sie eine erstrebenswerte Alternative? Die Pointe einer Fehlerkultur besteht mit dem systemtheoretischen Soziologen Dirk Baecker in der Umcodierung von «richtig/falsch» auf «Fehler/Lernen». Die Richtig-falsch-Relation hat den – bereits oben beschriebenen – Nachteil, dass sie zur Fehlervermeidung die gesamte Palette möglicher Fehler als Negativfolie präsent haben muss. In systemtheoretischer Diktion: «Was ausgeschlossen sein soll, [...] ist als Ausgeschlossenes eingeschlossen.»[31] Die Unterscheidung «Fehler/Lernen» verzichtet auf solche Vorgaben. Richtig ist danach ein Verhalten, «das zwischen Fehlern und Lerneffekten oszilliert, ohne daraus je ableiten zu können, das richtige Verhalten schlechthin gefunden zu haben und definieren zu können».[32] Wer weiss schon, dass sie oder er den letzten Fehler schon gemacht hat? Die Codierung «Fehler/Lernen» beruht auf drei Einsichten: 1. Weil Zukunft unbekannt ist, kann heute nicht gewusst werden, was morgen richtig sein wird. 2. Menschliches Verhalten besteht wesentlich aus der Vermeidung von Fehlern, die *fast* gemacht worden wären. Das gilt für den Strassenverkehr ebenso wie für eine Unterhaltung, das Kochen oder das Einsteigen in die Tram. Die Tatsache, dass die ständig erbrachten Koordinations- und Kontrollleistungen in der Regel verborgen bleiben, bestätigt nur die Internalisierung und Permanenz der Me-

—

29 Weizsäcker/Weizsäcker 2008 (Anm. 28), 293.

30 Weizsäcker/Weizsäcker 2008 (Anm. 28), 291.

31 Baecker 2011 (Anm. 1), 58.

32 Ebd.

chanismen. 3. Menschen sind nicht nur fehlerfähig, sie können auch aus Fehlern lernen. Fehler können gleichzeitig gemacht und beobachtet werden. Zugleich sind sie selektiven Entscheidungen zugänglich, im Blick darauf, welche Fehler als Anlässe für Lernprozesse taugen und welche nicht. Häufig bleibt zunächst unklar, «ob Fehler relevant genug sind, um Strukturen darauf einzustellen, sie in Zukunft zu verhindern».[33]

Fehler zuzulassen und daraus zu lernen impliziert komplexe Kommunikationszumutungen. Der Verzicht auf sanktionierbare Standards und technische Verhaltensroutinen nötigt zu einer permanenten Kommunikation über Lernerfahrungen mit Fehlern und ihrer Vermeidung. Eine solche Kommunikation geschieht häufig implizit. Karl Weick und Kathleen Sutcliffe haben für Hochsicherheitsorganisationen – Flugzeugträger, Intensivstationen, Kernkraftwerke – festgestellt, dass es «kognitive Stile der wechselseitigen Wahrnehmung gibt, die eher auf Training denn auf Erziehung beruhen und in denen alle Kommunikation über die Fähigkeit läuft, zu sehen, zu hören, zu riechen, in welcher Situation die andere [Person] steckt und wie ihr zu helfen ist».[34] Eine solche kommunikative Interaktion ist in dreifacher Weise auf andere bezogen: sie folgt anderen, sie macht den anderen Vorgaben und sie ermöglicht eine wechselseitige Fehlerkorrektur. Soweit die Theorie – aber was folgt daraus für die Praxis?

VI. Praxistauglichkeit

Der attraktiven Theorie stellen sich vier Beobachtungen aus der Praxis unmittelbar in den Weg:

1. Niemand möchte als Patientin oder Patient das Lernobjekt einer medizinischen Fehlerkultur werden. Das didaktische Verfahren könnte immerhin tödlich ausgehen.

2. Solche Lernprozesse benötigen Zeitressourcen, die im Spitalalltag weder vorgesehen noch angesichts der (nicht nur zeitlichen) Dringlichkeit von Entscheidungen über Leben und Tod gegeben sind. Hinzu kommen ein Zeitmanagement und eine Personalpolitik, die weitestgehend betriebswirtschaftlich-ökonomischen Vorgaben folgen.

—

33 Baecker 2011 (Anm. 1), 61.

34 Baecker 2011 (Anm. 1), 63.

3. Spitäler sind bürokratische und hierarchische Organisationen, deren Strukturen interne Kommunikation vielfältig brechen, umleiten und häufig auch abprallen lassen. Tatsächlich verschwindet die eben behauptete Unbestimmtheit von Fehlern, «wenn es gelingt, das eigene Verhalten zu technisieren, das heisst, bestimmte Handlungsschritte, Ursachen und Wirkungen festzulegen und gegenüber allem anderen zu isolieren».[35] Eine Organisation kann – wie Baecker bemerkt – die prinzipielle Ungewissheit über zukünftige Handlungswirkungen und damit mögliche Handlungsfehler ausblenden, «weil und indem sie Zwecke und Ziele setzt, von denen sie dadurch, dass sie sie setzt, auch behaupten muss, dass man sie erreichen kann [...] und dass es dazu definierbare Mittel (also richtiges Verhalten) gibt. Die Organisation behandelt die unbekannte Zukunft als bekannt – und orientiert ihre tägliche Arbeit an der Bewältigung dieser Paradoxie, einer Paradoxie, [...] die [...] nicht das Handeln, sondern die Beobachtung dieses Handelns unmöglich macht. [...] Und vielleicht kommt es genau darauf an: die Beobachter kaltzustellen».[36]

4. Das Problem der zeitlich und systemisch bedingten Unsicherheiten beim Entscheiden und Handeln begegnet in der Fehlerforschung nur am Rande und wird in der Regel mit den aus der Jurisprudenz bekannten Zurechnungskonstruktionen beantwortet: Ein Fehler ist einer Person zurechenbar, wenn sie anders hätte entscheiden und handeln können, als sie tatsächlich entschieden und gehandelt hat. Damit kehrt nicht nur die alte Frage «Wer ist schuld?» durch die Hintertür zurück, sondern das kommunikative Bewusstsein für die Entscheidungs- und Handlungskontingenzen wird sogleich wieder von der Bürokratie einkassiert. Die Vermutung liegt deshalb nahe, dass es auch den aus der Flugsicherheit in die Medizin eingewanderten Incident Reporting Systems – «Das Netzwerk lokaler Fehlermeldesysteme der Schweiz (CIRRNET)» – am Ende nicht besser ergehen wird. Inzwischen bieten eine Reihe von Softwareunternehmen – New-Win AG, ProtecData oder Netrange – massgeschneiderte Meldesysteme für Spitäler und Pflegeeinrichtungen an. Es scheint als würde auch hier der Teufel mit dem Beelzebub ausgetrieben: Die Fehleranfälligkeit von Spitalorganisationen, die den Aufwand zusätzlicher Kommunikation scheuen, soll mit einer Ausweitung der bürokratischen Kontrolle therapiert werden.

—

35 Baecker 2011 (Anm. 1), 57.

36 Baecker 2011 (Anm. 1), 59. Es geht, mit anderen Worten, um die Nivellierung der oben skizzierten Differenz zwischen Fehler und Risiko.

VII. Wozu Fehlerfreundlichkeit?

Sind Fehler in Medizin und Pflege ein Risiko oder eine Chance? Behandlungsfehler passieren und führen zu Behandlungsschäden, die mit dem Nichtschadensprinzip kollidieren. Unstrittig ist aus medizinethischer Sicht, dass Risiken, die einer Patientin oder einem Patienten Schaden zufügen können, vermieden werden müssen. Ein fahrlässiges Handeln, das die Schädigung einer anderen Person bewusst in Kauf nimmt, ohne damit einen grösseren Vorteil für die betroffene Person zu erreichen, fällt weder unter die Risikokategorie noch lässt es sich ethisch rechtfertigen. Fahrlässig ist eine Handlung nicht, weil sie von ungesicherten Annahmen ausgeht oder auf eine ungewisse Zukunft spekuliert, sondern weil sie grundlegende Sorgfaltsregeln missachtet. Und das ist keine Frage des Risikos.

Riskantes Entscheiden und Handeln erfolgt dagegen auf der Grundlage wissensbasierter normativer Annahmen unter Kontingenzbedingungen. Unser Alltagshandeln zielt darauf, Unsicherheiten möglichst zu vermeiden oder in «sichere» Zustände zu überführen. Dabei werden die Ausdrücke «Risiko» und «Unsicherheit» häufig synonym verwendet. Aus systemtheoretischer Sicht trägt diese Gegenüberstellung allerdings wenig aus, denn Sicherheit ist lediglich eine «soziale Fiktion» oder ein beliebig zu füllender «Reflexionsbegriff». Alles Entscheiden und Handeln ist auf die Zukunft gerichtet und deshalb per se unsicher.[37] In einer kontingenten Welt gilt: «Nicht Sicherheit, sondern nur Unsicherheit lässt sich auf Dauer stellen.»[38] Die medizinische Krise, in der «eine Entscheidung fällig ist, aber noch nicht gefallen», die kritische Gewissheit der Änderung «unbestimmt wann, aber doch bestimmt, unsicher wie, aber doch sicher»[39] bildet nicht den gesundheitlichen Ausnahmezustand, sondern den Normalfall.

Im Gegensatz zu einer systemtheoretischen Sicht rücken in der Medizin «Fehlerkultur» und «Sicherheitskultur» eng zusammen.[40] Fehler werden hier

—

37 Vgl. Luhmann 2008 (Anm. 11), 341; Piet Sellke/Ortwin Renn, Risiko-Governance in einer komplexen Welt: Matthiss Gross (Hg.), Handbuch Umweltsoziologie, Wiesbaden 2011, 503–528.

38 Niklas Luhmann, Die Wirtschaft der Gesellschaft, Frankfurt/M. 1994, 121f.

39 Koselleck 1973 (Anm. 3), 105.

40 Vgl. beispielhaft und mit vielen Literaturhinweisen Reiner. M. Waeschle/Michael Bauer/Christian E. Schmidt, Fehler in der Medizin. Ursachen, Auswirkungen und Massnahmen zur Verbesserung der Patientensicherheit: Anaestesist 64/2015, 689–704.

als diagnostizierbare Abweichungen von einem als bekannt vorausgesetzten normadäquaten Verhalten behandelt.[41] Entsprechend grosse Bedeutung kommt der Standardisierung von Arbeitsabläufen (*standard operating procedures*), dem regelmässigen und gezielten Training von typischen Abläufen, IT-Unterstützungssystemen und der Ausarbeitung differenzierter Checklisten zur «Kompensation limitierter, menschlicher Informationsverarbeitung» zu.[42] Unterstellt wird dabei einerseits, dass ein «optimales» Vorgehen für konkrete Fälle prinzipiell bekannt ist und andererseits, dass Soll-Ist-Abweichungen mit den genannten Techniken überwacht und korrigiert werden können. Aber lassen sich die Übergänge von einer Fehler- zu einer «Patientensicherheitskultur» technisch operationalisieren, wie die einschlägigen Untersuchungen suggerieren?[43] Ist Sicherheit überhaupt die angemessene Zielperspektive von Fehlerfreundlichkeit? Fällt das Anliegen der Implementierung einer Fehlerkultur nicht sogleich wieder hinter die üblichen Reflexe einer «Nulltoleranz»-Fehlervermeidungskultur zurück?

Die Rückfragen lenken den Blick auf eine weitere Schwierigkeit: Wer sind die Subjekte der Fehler- und Patientensicherheitskultur? Die Konzentration auf die *health professionals* im weitesten Sinne[44] folgt einem traditionellen handlungstheoretischen Akteursmodell und blendet die umfassende Public-Health-Perspektive aus. Damit gerät aus dem Blick, dass Patientinnen und Patienten längst zu risikoinformierten Entscheidern geworden sind, die für Ungewisses und Kontingentes (mit)verantwortlich gemacht werden. «Im Namen der Selbstbestimmung und Patientensouveränität lernen Patienten heu-

—

41 Vgl. Hofinger 2012 (Anm. 22), 41: «Für die Fehlerforschung ist es daher wichtig, die Bandbreite des ‹Normalen› zu verstehen […]. Das heisst, dass ausgehend von dem Wissen, wie Menschen im Allgemeinen denken und handeln, Fehlerforschung versucht, Fehler auf der Basis dieser allgemeinen Gesetze, Theorien und Hypothesen zu erklären.»

42 Waeschle/Bauer/Schmidt 2015 (Anm. 40), 699.

43 Vgl. in diesem Sinne Waeschle/Bauer/Schmidt 2015 (Anm. 40), 701: «Die Weiterentwicklung der Fehlerkultur hat […] zentrale Bedeutung, u. a. um einen höheren Level der Patientensicherheitskultur zu erreichen. Es ist notwendig, dass sich ein lösungsorientierter, offener und transparenter Umgang mit Fehlern in der Medizin verbreitet.»

44 Vgl. Waeschle/Bauer/Schmidt 2015 (Anm. 40), 701: «Das Entstehen einer operativwirksamen Sicherheitskultur wird entscheidend von dem klaren Bekenntnis der Krankenhausleitung und der weiteren, klinischen Hierarchieebenen beeinflusst.»

te, Risiken abzuwägen und eigenverantwortlich einzugehen. Mediziner, Patientenverbände und Krankenkassen erstellen Entscheidungshilfen beispielsweise zur Mammographie, zur Reduktion des Herz-Kreislauf-Erkrankungsrisikos, zur HPV-Impfung oder zu IGeL-Angeboten, in denen der statistische Nutzen gegen die statistischen Kosten gestellt wird, um eine ‹informierte Entscheidung› zu ermöglichen.»[45]

Patientinnen und Patienten stehen nicht nur vor neuen Entscheidungssituationen, sondern werden auch mit neuen Verantwortungszuschreibungen konfrontiert. «Das probabilistisch vorhergesagte Ereignis kann als bewusst eingegangenes Risiko interpretiert und dadurch in den Verantwortungsbereich des Entscheidenden geschoben werden – auch, wenn die Risikovorhersage gar nichts über ein einzelnes Individuum aussagt, sondern nur etwas über aggregierte Kollektive.»[46] Im Blick auf die pränatale Beratung resümieren Samerski und Henkel: «Es gibt keine professionellen, quasi objektiven Kriterien, anhand derer sich probabilistische Risiken ärztlich bewerten liessen. Was mit der einzelnen Patientin im Krankenbett ist und sein wird, darüber sagen die Zahlen nichts aus. […] Die Realfiktion der informierten und rationalen Entscheidung verknüpft das Denken und Handeln der Einzelnen mit statistischen Zahlen über Grundgesamtheiten, die vom konkreten Einzelnen per definitionem abstrahieren.»[47]

Der Umgang mit Risiken und Fehlern hängt wesentlich ab von der Art und Weise der Generierung und Verarbeitung von Information. Beide Strategien bedienen sich ähnlicher Instrumente und so trifft die Kritik an der Risikokommunikation auch den Umgang mit Fehlern und umgekehrt. Dabei darf ein auf den ersten Blick paradoxer Effekt nicht übersehen werden. Die Reduktion von Fehlern führt nicht zugleich – wie intuitiv unterstellt wird – zu einer Verringerung der Risiken, sondern im Gegenteil zu ihrer Zunahme. Dahinter steckt die simple Einsicht, dass die Zunahme von Entscheidungsoptionen mit einer strengeren Selektivität einhergeht. Es ist leichter, zwischen zwei Torten zu entscheiden, als zwischen zwanzig. Je ausdifferenzierter die Methoden der Fehlerdiagnose und -analyse werden, desto mehr steigt die Wahrscheinlichkeit für ein Fehlverhalten und entsprechend grösser wird das Risiko, einen Fehler zu machen. Das ist kein moralisches Manko, sondern eine logische Folgerung.

—

45 Samerski/Henkel 2015 (Anm. 14), 85.

46 Samerski/Henkel 2015 (Anm. 14), 91.

47 Samerski/Henkel 2015 (Anm. 14), 102.106.

Konzepte der Fehlerfreundlichkeit setzen an dieser Stelle an, wenn sie anstatt auf Fehlervermeidung auf Fehlertoleranz setzen. Tatsächlich beschränkt sich Fehlerfreundlichkeit in der Medizin aber auf die Strategie, Fehler als Probleme im System zuzulassen, nicht um mit ihnen zu rechnen und «leben» zu lernen, sondern um sie mit einem ausdifferenzierten technischen Kontrollarsenal in den Griff zu bekommen. Die «Freundlichkeit» betrifft also lediglich das Thema, nicht aber die Realität normalen fehlbaren Verhaltens.

Die Forderungen nach Fehlerfreundlichkeit und Fehlerkulturen sind auf dem jetzigen Stand nicht überzeugend, weil sie 1. die in Aussicht gestellte Überwindung der Handlungsfixierung durch eine nach wie vor dominierende Individualfokussierung – die nicht zuletzt haftungsrechtlichen Regelungen geschuldet sind – nicht einlösen, 2. ihre rationalitätskritischen Potenziale mit den eigenen empirisch-technisch verkürzten Hypothesen und Modellen unterlaufen und 3. den kognitiven Grenzen und Unwägbarkeiten komplexer Handlungszusammenhänge nicht angemessen Beachtung schenken.[48] Als Alternative ist eine öffentliche Reflexion der Grenzen der Beherrschbarkeit komplexer Organisationsstrukturen, der technischen Kontrolle von Fehlern und der Unausweichlichkeit menschlicher Fehlbarkeit angezeigt. Gerade letzterer kann nicht mehr mit Kontrolle, sondern nur noch mit Barmherzigkeit begegnet werden.

—

48 Vgl. dazu Ludger Heidbrink, Nichtwissen und Verantwortung. Zum Umgang mit unbeabsichtigten Nebenfolgen, Working Papers des CRR 8/2010, Essen 2010; Boris Holzer, Denn sie wissen nicht, was sie tun? Nebenfolgen als Anlass soziologischer Aufklärung und als Problem gesellschaftlicher Selbstbeschreibung: Stefan Böscher/Nick Kratzer/Stefan May (Hg.), Nebenfolgen. Analysen zur Konstruktion und Transformation moderner Gesellschaften, Weilerswist 2006, 39–64; Nico Stehr, Wissen und der Mythos vom Nichtwissen: APuZ 18–20/2013, 48–54; Peter Wehling, Nichtwissen – Bestimmungen, Abgrenzungen, Bewertungen: EWE 20/2009, 95–106; ders., Soziale Praktiken des Nichtwissens: APuZ 18–20/2013, 41–47 (42); Maximiliane Wilkesmann/Johannes Weyer, Nichtwissen und Fehlermanagement in hochtechnisierten Organisationen: Arbeits- und Industriesoziologische Studien 7/2014, H. 1, 87–108; Maximiliane Wilkesmann, Der professionelle Umgang mit Nichtwissen. Einflussfaktoren auf der individuellen, organisationalen und organisationsübergreifenden Ebene: Discussion papers des Zentrums für Weiterbildung, Technische Universität Dortmund 01/2010.

Regula Schmitt

Fehlerfreundlichkeit – Gedanken und Erfahrungen aus ärztlicher Perspektive

Ein Versuch der Kategorisierung von Fehlern und ihren Folgen

In der praktischen ärztlichen und pflegerischen Arbeit sind wir immer wieder mit Fehlern konfrontiert: Angst vor Fehlern, Folgen von Fehlern, Massnahmen zum Vermeiden von Fehlern.

Das Thema «Fehlerfreundlichkeit» oder anders gesagt, das «Nichtschadensprinzip» gehört zum Alltag von Ärzten und Pflegekräften und eine Auseinandersetzung ist unvermeidlich. Dabei erleben wir so viele verschiedene Aspekte von Fehlern: vermeintliche, echte, fragliche, versteckte, erfassbare, nichtmessbare, solche mit schwerwiegenden Auswirkungen und andere mit kaum nennenswerten Konsequenzen. Folgende Fragen drängen sich auf:

- Erkennen wir Behandlungsfehler immer?
- Wie verhalten wir uns, wenn uns ein Fehler passiert ist?
- Wer beurteilt, ob eine getroffene Massnahme richtig war?
- Mit welchen Strategien können wir Fehler vermeiden?
- Ist es in der heutigen anspruchsvollen und risikoreichen Medizin überhaupt möglich, keine Fehler zu machen?
- Wie reagiert die Gesellschaft darauf, wenn wir Fehler machen?
- Was macht die Erkenntnis, dass wir Fehler gemacht haben, mit uns? Beherrscht uns die Angst, weitere Fehler zu machen? Haben wir Schuldgefühle?
- Welche Bewältigungsstrategien entwickeln wir, wenn wir unsere Fehler erkennen, wenn uns Schuldgefühle plagen?
- Wie gehen wir mit juristischen Anklagen um?

Anhand eines Patientenbeispiels sollen einige besonders wichtige Aspekte und Fragen zu Fehlerfreundlichkeit dargestellt, erläutert und diskutiert werden.

Herr A, 85-jährig, verwitwet, ist wegen einer Demenz in fortgeschrittenem Stadium pflegebedürftig und lebt deswegen im Pflegeheim. Er leidet daneben noch an einer koronaren Herzkrankheit und an Diabetes Mellitus. Er ist in einem stabilen Zustand, wobei aufgrund seiner Diagnosen mit einer akuten Verschlechterung, irgendeiner Komplikation, jederzeit gerechnet werden muss.

An einem Morgen ist er kaum weckbar, verschluckt sich und entwickelt darauf eine Aspirationspneumonie. Der Arzt untersucht den Patienten und vermutet als Ursache einen Hirnschlag. Wie schon früher mit seinen Töchtern besprochen, wird auf eine Hospitalisation verzichtet, ebenfalls auf die Gabe von Antibiotika.

Erst am darauffolgenden Morgen wird – fast zufällig – von der zuständigen Pflegefachfrau festgestellt, dass am Abend vor der Verschlechterung eine Medikamentenverwechslung stattgefunden haben muss; er hat vom damals diensttuenden Pflegefachmann ein langwirksames hochdosiertes Medikament als Hautpflaster erhalten. Dieses wäre für einen andern Patienten bestimmt gewesen. Die Pflegefachfrau informiert den Arzt. Dieser führt nun die Verschlechterung von Herrn A auf die Medikamentenverwechslung zurück. Er weist deshalb den Patienten sofort ins Spital ein, damit alle medizinisch möglichen Massnahmen ergriffen werden. Die Angehörigen werden darüber informiert. Einen Tag später stirbt Herr A im Spital.

Herr A konnte nicht in vertrauter Umgebung, in Ruhe, ohne Hektik, begleitet von vertrauten Menschen sterben. Die Angehörigen von Herrn A müssen mit dem unguten Gefühl leben, dass ihr Vater vor der richtigen Zeit und nicht eines natürlichen Todes gestorben ist. Der Arzt macht sich Vorwürfe, dass er bei der Untersuchung des Patienten das aufgeklebte Pflaster zwar bemerkt, aber nicht realisiert hat, dass bei ihm ein solches gar nicht verordnet war und er deshalb Herrn A zu spät ins Spital geschickt hat. Hätte er dies früher erkannt – vielleicht wäre Herr A dann zu retten gewesen. Der Pflegefachmann, dem dieser Fehler passiert ist, ist nach diesem Ereignis unfähig, weiter zu arbeiten, benötigt psychologische Betreuung und wechselt in einen anderen Beruf. Es kommt zu einem langwierigen juristischen Verfahren gegen den Pflegefachmann und den Arzt. Die Pflegefachfrau, die den Fehler entdeckt hat, denkt darüber nach, ob es nicht besser gewesen wäre, den Fehler zu verschweigen, ob damit nicht viel Leid für alle Beteiligten hätte vermieden werden können.

In der Auseinandersetzung mit dieser und vielen andern «Fehlergeschichten» stellen sich folgende Fragen: Was ist ein Fehler? Sprechen wir vom Gleichen, wenn wir von Fehlern sprechen?

Verwechslungen: Es ist eindeutig ein Fehler, wenn eine Verwechslung mit Medikamenten passiert. Das Gleiche gilt auch für Verwechslungen, wenn beispielsweise die gesunde anstelle der kranken Niere herausoperiert wird.

Unerwünschte Arzneimittelwirkung (UAW): Es wird unbestritten als Fehler angesehen, wenn eine allgemein bekannte Medikamenteninteraktion nicht beachtet wird, wenn also beispielsweise jemand, der Blutverdünner einnimmt, hochdosiert Antirheumatika erhält und dadurch eine Magenblutung erleidet. Doch was ist mit weniger bekannten Medikamenteninteraktionen, die nicht beachtet werden? Es ist gar nicht möglich, alle Interaktionen zu kennen und zu beachten. Immerhin: werden mehr als sechs Medikamente gleichzeitig eingenommen, besteht eine ungefähr 80 %ige Chance einer unerwünschten Arzneimittelwirkung! Kann man den verschreibenden Ärzten hier jedes Mal Fehler vorwerfen, falls es zu einer UAW kommt? Wo ist die Grenze zwischen Fehler und Inkaufnahme eines erhöhten Risikos?

Fehldiagnosen: Es gilt als Fehler, wenn für eine bestimmte Krankheit typische Symptome und Untersuchungsbefunde nicht beachtet oder falsch interpretiert werden und eine Fehldiagnose mit vielleicht fatalen Folgen gestellt wird. Doch kommt es auch bei hoher Fachkompetenz vor, dass die richtige Diagnose verpasst wird. Will man jedes Mal, wenn eine Diagnose gestellt werden muss, mittels weiterer Untersuchungen alle auch noch in Frage kommenden Diagnosen ausschliessen, gelangt man vielleicht eher zur richtigen Diagnosen, aber belastet möglicherweise mit all den Untersuchungen den Patienten enorm, was durchaus auch als fehlerhaft angesehen werden kann (ganz abgesehen von den finanziellen Auswirkungen).

Fehlende Information: Zweifellos ist es ein Fehler, wenn bei einer vorgeschlagenen Operation über möglicherweise auftretende schwerwiegende Komplikationen nicht informiert wird. Der Patient kann, kommt es tatsächlich zu dieser Komplikation mit bleibender Beeinträchtigung seiner Lebensqualität, dem Chirurgen die fehlende Information als Fehler vorwerfen.

Schnittstellenproblematik: Oft findet an den Schnittstellen (zwischen Spitälern, zwischen Spital und Heim usw.) nur ungenügende oder gar keine Kommunikation zwischen den Fachleuten statt. Die fehlende Kommunikation kann z.B. dazu führen, dass eine gefährliche Allergie nicht weitergemeldet oder eine Patientin entgegen ihrer Patientenverfügung reanimiert wird.

Guidelines nicht anwenden: Ist es ein Fehler, Guidelines der Fachexperten nicht zu beachten? Immer mehr Guidelines gibt es in der Medizin, und oft wird es als ärztlicher Kunstfehler angesehen, wenn diese nicht befolgt werden. Doch immer wieder kommt es vor, dass neue Erkenntnisse in der Medizin dazu führen, dass Guidelines ihre Gültigkeit verlieren, dass sie sich als falsch erweisen. So kann der Fehler durch eine nicht beachtete Guideline im Nachhinein als richtiges Handeln beurteilt werden.

«Nicht messbare» Fehler: Werden verwirrte, an einer Demenz leidende Menschen wegen ihrer Unruhe mit zu hohen Dosen Psychopharmaka behandelt, die zu gefährlichen Nebenwirkungen wie beispielsweise Stürzen führen, so ist das ein Fehler. Eine kompetente psychosoziale Betreuung wäre die bessere Alternative gewesen. Ein solcher Fehler ist aber nicht zu beweisen.

Diese Liste liesse sich mit vielen weiteren Beispielen eindeutiger oder fraglicher Fehler weiterführen.

Die Folgen eines Fehlers können wie folgt eingeteilt werden:
Folgen für das «Opfer»:

– Nicht immer führen Fehler zu einem Schaden; falls aber der Arzt oder die Pflegefachperson wegen eines Fehlers einer Person einen Schaden zufügt, verstossen sie gegen das bioethische Prinzip, nicht zu schaden.

Folgen für den «Täter»:

– Die Reaktionen auf gemachte Fehler können unterschiedlich sein: Fehler können nicht erkannt, nichtakzeptiert, verheimlicht, verdrängt, zugegeben oder es kann aus ihnen gelernt werden.
– Man kann nach der Ursache eines gemachten Fehlers fragen. Ursachen kann man möglicherweise beheben, um in Zukunft den gleichen Fehler zu vermeiden.
– Er wird als Schuldiger zur Rechenschaft gezogen.
– Ein gemachter Fehler kann bei dem Betroffenen Angst auslösen; Angst vor Beschuldigungen, Vorwürfen, Angst vor Auswirkungen auf die berufliche Laufbahn und vor allem auch Angst vor juristischen Konsequenzen.
– Ein Fehler, der zu einer Schädigung eines anvertrauten Patienten geführt hat, kann quälende und belastende Schuldgefühle auslösen.

Folgen für das System:

– Um Fehler zu verhindern, werden oft Vorschriften gemacht, Weisungen erlassen und andere Massnahmen ergriffen, um sich hundertprozentig abzusichern, dass kein Fehler mehr passiert. Dies kann aber auch kontraproduktiv sein: Solche oft zeitaufwändige und mit andern Nachteilen verbundene Massnahmen können auch ihrerseits zu Fehlern führen; beispielsweise alle Vorschriften einzuhalten, kann zu einem enormen zusätzlichen Zeitaufwand führen, den Leistungsdruck erhöhen, was die Gefahr birgt, dass andere Fehler passieren.

Was bedeutet Fehler-Freundlichkeit?

Gerechte Entschädigung: Hat jemand durch einen medizinischen Fehler einen Schaden erlitten, so soll er dafür – soweit das überhaupt möglich ist – gerecht entschädigt werden, angemessen und innerhalb nützlicher Frist; diese Art von Fehlerfreundlichkeit ist an erster Stelle zu nennen und sollte selbstverständlich sein.

Fehlerhaftigkeit akzeptieren können und alles tun, um Fehler zu vermeiden: Als Arzt bin ich in einer ständigen Spannung: Einerseits bin ich dem Nichtschadensprinzip verpflichtet, andererseits ist die Übernahme medizinischer Verantwortung immer mit dem Risiko von Fehlern verbunden; ich behandle nach bestem Wissen und Gewissen, übernehme die medizinische Verantwortung mit dem Ziel, dem Patienten zu helfen, obwohl dabei Fehler nicht ganz vermeidbar sind. Fehlerfreundlich verhält sich also ein Arzt, wenn er diese Spannung erkennt, sich damit auseinandersetzt und sie aushält.

Aus Fehlern lernen: Fehler, die passieren, auch wenn sie zu keinem Schaden führen, muss ich erkennen und darf sie auf keinen Fall verdrängen. Ich muss mich mit der Frage auseinandersetzen, warum der Fehler passiert ist und was ich Sinnvolles machen kann, um ihn in Zukunft zu vermeiden. Fehlerfreundlich ist es also, Fehler zu erkennen und daraus zu lernen.

Information und Transparenz: Ist durch einen ärztlichen Fehler ein Schaden entstanden, so soll die betroffene Person darüber offen informiert werden; auch das ist fehlerfreundlich.

CIRS (Critical Incident Report System): Fehler werden in einer Organisation oder Institution systematisch gemeldet und gesammelt; auch Fehler, die nur beinahe zu einem Schaden geführt haben. Die gemeldeten Fehler werden bearbeitet und daraus werden Massnahmen getroffen, um diese Fehler in Zukunft zu vermeiden. CIRS verbreitet sich immer mehr in medizinischen Institutionen und ist wohl der beste Beweis für deren Fehlerfreundlichkeit.

Umgang der Gesellschaft mit medizinischen Fehlern: Als Arzt, als Pflegefachfrau sollte ich zu gemachten Fehlern stehen dürfen, ohne moralisch verurteilt zu werden oder ungerechtfertigte Konsequenzen erfahren zu müssen. Auch kommt es immer häufiger vor, dass es zu langwierigen juristischen Verfahren kommt, auch in Fällen, wo es sehr umstritten ist, ob es sich überhaupt um einen Fehler handelt; es kommt niederschwellig zu fragwürdigen Anklagen und eigentlich überflüssigen Prozessen, die dann für alle Beteiligten enorm belastend sind. Fehlerfreundlich verhält sich die Gesellschaft, wenn sie akzeptieren kann, dass nicht jeder nicht erwartete, ungünstige Krankheitsverlauf dem Arzt als Fehler angerechnet werden kann.

Professionelle Hilfe für Ärzte und Pflegende: Juristische Anklagen, Prozesse, ob sie nun zu berechtigten Verurteilungen führen oder zu einem Freispruch, sind enorm belastend und zermürbend. Daneben belasten aber auch die Schuldgefühle, die ein Arzt, eine Pflegefachperson hat gegenüber dem Patienten, der vielleicht einen bleibenden, nie wieder gut zu machenden Schaden erlitten hat; an solchen Schuldgefühlen kann jemand zerbrechen. Fehlerfreundlich heisst auch, in solchen Situationen den Betroffenen professionelle Unterstützung anzubieten.

Wollen wir also fehlerfreundlich sein, sind wir alle gefordert: der einzelne Arzt, die einzelne Ärztin, die einzelne Pflegefachperson, jede medizinische Institution, Patientenorganisationen, Juristen und Juristinnen, Patientinnen und Patienten und letztlich unsere ganze Gesellschaft.

II. Perspektiven und Interessen im Gesundheitswesen

Michelle Salathé

Fehler und Haftungsrecht
Die juridische Sicht

I. Einführung

Schädliche Auswirkungen einer Behandlung lassen sich nicht immer vermeiden und es kann – gestützt auf eine informierte Einwilligung des Patienten[1] – sogar vertretbar sein, eine Behandlung durchzuführen (oder zu unterlassen) und dabei auch schädliche Auswirkungen in Kauf zu nehmen, weil die zu erwartenden Vorteile überwiegen. Nicht immer, wenn ein Schaden eintritt, liegt diesem ein fehlerhaftes Verhalten zugrunde, und umgekehrt führt nicht jedes fehlerhafte Verhalten zu einem Schaden. Genaue Angaben zur Fehlerhäufigkeit in der Schweiz gibt es nicht. Gemäss Hochrechnungen sterben jedoch jedes Jahr etwa 1'000 Patienten in Schweizer Spitälern an den Folgen von Behandlungsfehlern.[2] Hektik, übermüdetes Personal, Ressourcenknappheit, ständige Unterbrechungen in risikoreichen Arbeitsabläufen etc. sind alles Faktoren, die das Entstehen von Fehlern beeinflussen können; am Ende der Kette steht oft ein (menschliches) Fehlverhalten.

Neben der Respektierung der Selbstbestimmung und der Berücksichtigung von Überlegungen zur Gerechtigkeit gehören die Fürsorge und das Nichtschaden zu den Grundprinzipien ärztlicher Berufspraxis.[3] Sie werden einerseits in der Standesethik historisch tradiert, andererseits sind sie in der philosophischen Ethik mit Bezug auf den Common Sense verankert.. So hält

---

1 Die entsprechenden Texte betreffen immer beide Geschlechter der genannten Personengruppen.

2 Die Rolle des Bundes bei der Qualitätssicherung nach KVG. Bericht der Parlamentarischen Verwaltungskontrolle (PVK) der Geschäftsprüfungskommission des Ständerates vom 05.09.2007, 9, vgl. www.admin.ch/opc/de/federal-gazette/2008/7797.pdf (21.10.2015).

3 Vgl. Tom L. Beauchamp/James F. Childress, Principles of Biomedical Ethics, Oxford [7]2013.

der Eid des Hippokrates, der in allen ärztlichen Standesordnungen[4] rezipiert wurde, Folgendes fest: «Die Regeln der Lebensweise werde ich zum Nutzen der Kranken einsetzen, nach Kräften und gemäss meinem Urteilsvermögen; vor Schaden und Unrecht werde ich sie bewahren. Wenn ich diesen Eid erfülle und nicht breche, so sei mir beschieden, in meinem Leben und in meiner Kunst voranzukommen, indem ich Ansehen bei allen Menschen für alle Zeit gewinne; wenn ich ihn aber übertrete und breche, so geschehe mir das Gegenteil.»[5] Bereits der Hippokratische Eid enthält demnach neben den Verpflichtungen «Gutes zu tun» und «nicht zu schaden» bereits auch ein Anerkennen der Verantwortung und eine Sanktionierung.

Wenn Fehler passieren, entspricht es moralischen Intuitionen[6], dass die Verursacher für die Folgen ihrer Handlung retrospektiv Verantwortung übernehmen und eine Wiedergutmachung leisten. Gleichzeitig besteht auch eine prospektive Verantwortung, die dazu verpflichtet, aus Fehlern zu lernen und Schadensprävention zu betreiben.

II. Retrospektive Verantwortung für fehlerhaftes Handeln Haftung und Schadenersatz als moralische und rechtliche Verpflichtung

Die Verpflichtung, Verantwortung für eigenes «fehlerhaftes» Handeln zu übernehmen, findet sich im positiven Recht in diversen Bereichen. Besonders offensichtlich wird diese Verantwortungszuschreibung im Strafrecht. Für fehlerhaftes Verhalten im Rahmen einer medizinischen Behandlung bestehen keine spezifischen Regelungen; anwendbar sind das Strafgesetzbuch und die allgemeinen Haftungsregeln des Zivil- und Obligationenrechts oder des öffentlichen Haftungsrechts. Massgebendes Kriterium für die Bestimmung des

—

4 Standesordnungen regeln die Beziehungen des Arztes und der Ärztin zu ihren Patienten und Patientinnen, zu ihren Kollegen und Kolleginnen sowie das Verhalten in der Öffentlichkeit und gegenüber den Partnern im Gesundheitswesen.

5 Charlotte Schubert, Der hippokratische Eid. Medizin und Ethik von der Antike bis heute, Darmstadt 2005.

6 Ross zählte die Schadenswiedergutmachung zu den von ihm konzipierten *prima-facie*-Pflichten, deren Resultate in einer gegebenen Situation einem Handelnden anzeigen, was seine tatsächlich bestehende Handlungspflicht sei. William David Ross, The right and the good, New York 1930.

anwendbaren Rechts ist die Art des Rechtsverhältnisses zwischen Arzt[7] und Patient: Arzt in selbstständiger Berufsausübung in der Privatpraxis, angestellter Spitalarzt im öffentlichen Spital[8], Belegarzt im Privatspital etc. Für die strafrechtliche Deliktshaftung bei Tötungsdelikten, Körperverletzung sowie die Unterlassung der Nothilfe spielt der Ort der Berufsausübung hingegen keine Rolle, die Hürden für eine Verurteilung sind jedoch deutlich höher.[9]

Bei den meisten (zivilrechtlichen) Arzthaftungsfällen[10] steht der vom Patienten erhobene Vorwurf, nicht richtig behandelt worden zu sein, im Vordergrund. Patienten haben aufgrund des Behandlungsauftrags Anspruch auf eine Behandlung, die dem Stand der medizinischen und pharmazeutischen Wissenschaften entspricht; ein Behandlungserfolg ist hingegen nicht geschuldet. Als Behandlungsfehler wird gemäss Lehre und Rechtsprechung ein Handeln bezeichnet, das infolge eines Mangels an gehöriger Aufmerksamkeit oder Vorsicht gegen die allgemein anerkannten Regeln der ärztlichen Wissenschaft und Praxis (Heilkunst) verstösst und einen Schaden verursacht hat.[11] Die Sorgfaltspflicht erstreckt sich auf alle ärztlichen Aufgaben, namentlich auf Diagnose, Beratung und Aufklärung, Behandlung und Nachbehandlung. Nicht nur eine Handlung, sondern auch eine Unterlassung kann eine Sorgfaltspflichtverletzung beinhalten (z.B. mangelnde Vorsichtsmassnahmen bei Patienten, die sich selbst gefährden, unterlassende Behandlung in einer Notfallsituation).

—

7 Vorliegend wird durchgehend vom Arzt gesprochen; die Inhalte lassen sich im Wesentlichen auch auf weitere Gesundheitsfachpersonen übertragen.

8 Möglich sind auch Mischformen wie im öffentlichen Spital angestellte Ärzte mit privatärztlicher Tätigkeit (Chefarztbehandlungen).

9 Brigitte Tag/Isabel Baur, Ärztliche Heilbehandlung als Körperverletzung? Aktuelle Rechtslage und Entwicklungen in der bundesgerichtlichen Rechtssprechung: Olivier Guillod (Hg.), Le droit de la santé en mouvement, Bern 2014, 117ff.

10 Nachfolgend werden die Voraussetzungen von zivilrechtlichen Haftungsverfahren beschrieben. Sie sind sinngemäss auch auf Spitalärzte im öffentlichen Spital anwendbar, wobei diese in der Regel nicht direkt vom Patienten belangt werden können, sondern primär der Spitalträger (mit Regressmöglichkeit) haftet. Eine direkte Verantwortung auch des Spitalarztes im öffentlichen Spital besteht hingegen bei Strafverfahren.

11 Moritz W. Kuhn, Arzt und Haftung aus Kunst- und Behandlungsfehlern: ders./ Thomas Poledna (Hg.), Arztrecht in der Praxis, Zürich [2]2007, 601–667.

Die Anforderungen an die ärztliche Sorgfaltspflicht richten sich nach objektiven Kriterien. In Rechtsprechung und Lehre[12] wird die Sorgfalt, welche von einem gewissenhaften Arzt in derselben Lage und unter denselben Umständen nach dem aktuellen Stand der Medizin erwartet werden darf, als Massstab genommen. Zu den Faktoren, die bei der Beurteilung der Umstände von Bedeutung sind, gehören namentlich Art und Risiken der Behandlung, Ermessensspielraum, Mittel und Zeit, die zur Verfügung stehen, Ausbildung, Erfahrung und Leistungsfähigkeit. Beurteilt wird, ob der Arzt aufgrund der Informationen, die zum Zeitpunkt der Behandlung zur Verfügung standen, einen vertretbaren Entscheid über die Art der Behandlung getroffen und diese sorgfältig durchgeführt hat.[13] Bei der Beurteilung wird auf den Zeitpunkt der Behandlung abgestellt. Was man rückblickend hätte wissen respektive besser machen können, ist somit nicht entscheidend.[14]

Eine Haftung setzt ausserdem voraus, dass zwischen der Sorgfaltspflichtverletzung und dem Schaden ein adäquater Kausalzusammenhang besteht. Davon ist auszugehen, wenn die Behandlung nach dem gewöhnlichen Lauf der Dinge und der allgemeinen Lebenserfahrung geeignet ist, den eingetretenen Schaden zu bewirken. Dies bedeutet, dass nicht nur grobe Verstösse gegen Sorgfaltspflichten haftungsbegründend sein können, sondern auch leichte. Keine Haftung besteht allerdings für Schäden, deren Ursachen nach dem gegenwärtigen Stand der Medizin auch bei aufmerksamer und gewissenhafter Prüfung nicht erkennbar gewesen wären. Faktoren wie z.B. schweres Selbstverschulden des Patienten oder eine konstitutionelle Prädisposition des Patienten, die dem Arzt nicht bekannt sein konnten, können die Haftung ausschliessen.

Wurde eine Sorgfaltspflichtverletzung bejaht, die ursächlich für den eingetretenen Schaden ist, hat der Patient Anspruch auf Ersatz der finanziellen Folgen und – abhängig vom Schweregrad der erlittenen Beeinträchtigung – Anspruch auf Genugtuung. Die Ersatzleistungen umfassen namentlich die Heilungskosten, die finanziellen Nachteile infolge Arbeitsunfähigkeit, die

---

12 Kuhn 2007 (Anm. 11), 607.

13 Vgl. Peter Jäger/Angela Schweiter, Rechtsprechung des Bundesgerichts zum Arzthaftpflicht- und Arztstrafrecht, Zürich ³2012.

14 Vgl. Schweizerische Akademie der Medizinischen Wissenschaften und der Verbindung der Schweizer Ärztinnen und Ärzte FMH (Hg.), Rechtliche Grundlagen im medizinischen Alltag. Ein Leitfaden für die Praxis, 2., überarbeitete und um den Bereich «Erwachsenenschutzrecht» erweiterte Auflage, Basel 2013, Kap. 9.3.; www.samw.ch/de/Publikationen/Leitfaden.html (21.10.2015).

Pflege- und Betreuungskosten sowie die Anwaltskosten. Die Genugtuung soll erlittenen immateriellen Schaden (Schmerzen, bleibende Beeinträchtigung etc.) ausgleichen.

Die Beweislast für das Vorliegen eines Behandlungsfehlers liegt beim Patienten. Insbesondere bei komplexeren Behandlungen oder wenn mehrere Personen in unterschiedlichen Funktionen mitwirken, ist dieser Nachweis allerdings nur schwierig zu erbringen. Der Patient als medizinischer Laie kann kaum beurteilen, durch wessen Handeln im Lauf der Behandlung ein Schaden erfolgt ist. Mediations- und Ombudsinstanzen, Patientenstellen etc. bieten hier Unterstützung an. So vermittelt beispielsweise die aussergerichtliche Gutachterstelle der Verbindung der Schweizer Ärztinnen und Ärzte (FMH)[15] ein unabhängiges Gutachten, wenn ein Patient einen Diagnose- oder Behandlungsfehler vermutet. Im Jahr 2012 hat die Gutachterstelle insgesamt 64 Gutachten erstellt, wobei in 30 Fällen ein oder mehrere Diagnose- oder Behandlungsfehler bejaht, in 32 Fällen hingegen keine Fehler festgestellt wurden.[16] Auch die Schweizer Stiftung SPO Patientenschutz berät jährlich rund 4'000 Personen. Rund 1'000 Beschwerden stehen im Zusammenhang mit Behandlungsfehlern; Anhaltspunkte für Fehler werden bei rund einem Drittel der Fallbearbeitungen gefunden (Jahresbericht 2013).[17] Ombuds- und Beratungsstellen tragen wesentlich dazu bei, dass Vorwürfe der Fehlbehandlung in der Regel durch Mediation und/oder einen Rechtsvergleich behandelt und langwierige gerichtliche Auseinandersetzungen vermieden werden können.

Umgekehrt ist die Beweislast, wenn der Patient geltend macht, dass der Arzt ihn nicht ausreichend über die Behandlung aufgeklärt habe. Der Arzt muss nun beweisen können, dass er den Patienten genügend über die Diagnose, den möglichen Verlauf der Krankheit, die geplante Therapie und Behandlungsalternativen, deren Risiken etc. aufgeklärt und dieser in die Behandlung eingewilligt hat. Kann er diesen Nachweis nicht erbringen, erfolgte der Eingriff als Ganzes rechtswidrig und der Arzt muss für Behandlungsrisiken einstehen, die sich verwirklicht haben, auch wenn er den Eingriff *lege artis* durchgeführt hat. Er kann sich allerdings exkulpieren, wenn er nachweisen

---

15 Vgl. Reglement für die FMH-Gutachterstelle zur aussergerichtlichen Begutachtung von Ärztehaftpflichtfällen vom 01.02.2002: SÄZ 83/2002, 128–133; www.fmh.ch/files/pdf10/Separata_Reglement_d.pdf (21.10.2015).

16 Valérie Rothhardt, Aussergerichtliche FMH-Gutachterstelle – Jahresbericht 2013: SÄZ 95/2014, 1025–1029; www.fmh.ch/files/pdf15/SAEZ_27-28_Jahresbericht_Gutachterstelle_2013_D.pdf (21.10.2015).

17 Vgl. www.spo.ch (21.10.2015).

kann, dass der Patient auch bei ordnungsgemässer Aufklärung in die Behandlung eingewilligt hätte (hypothetische Einwilligung).[18]

Grundsätzlich kann diese unterschiedliche Beweislastverteilung dazu verleiten, zur Erhöhung der Erfolgschancen dem Arzt nicht einen Behandlungsfehler, sondern eine ungenügende Aufklärung vorzuwerfen. Auf der anderen Seite kann sie zu einer Überbewertung des Schriftlichen führen (z.B. schriftliches Festhalten aller haftungsrelevanten Aspekte der Behandlung, Aufzählen möglichst aller bekannten negativen Auswirkungen). Der aus der Patientenautonomie abgeleitete Anspruch auf eine verständliche und angepasste Information als Grundlage für die informierte Entscheidung kann damit in einem Widerspruch zu Anstrengungen zur Haftpflichtverminderung stehen.

III. Prospektive Verantwortung: Lernen aus Fehlern[19] als moralische und rechtliche Verpflichtung[20]

Unbestritten ist die Schadensprävention ein integraler Bestandteil einer dem aktuellen Stand der medizinischen Wissenschaften entsprechenden sorgfältigen Behandlung und als Pflicht punktuell auch im positiven Recht wiederzufinden. Besonders hervorzuheben sind beispielsweise die Qualitätssicherung gemäss Art. 58 KVG, welche die Patientensicherheit als Bestandteil der Qualität medizinischer Leistungen mit einschliesst, oder Regelungen im Medizinproduktebereich. Angesprochen ist in der Regel allerdings nicht der einzelne Arzt, sondern das Gesamtsystem. Ein gutes Beispiel sind sogenannte Fehlermanagementsysteme wie das CIRS (Critical Incident Reporting System), die nicht auf das Fehlverhalten des Einzelnen fokussieren, sondern fehlerbegünstigende Rahmenbedingungen (z.B. Materialfehler oder die Verwechslungsgefahr durch ähnliche Verpackungen) in den Vordergrund stellen. Ihr Nutzen liegt in der Verbreitung der Erkenntnisse über Ereignisse und Fehler sowie

—

18 Andreas Eicker, Die hypothetische bzw. fingierte Einwilligung als Begrenzung der strafrechtlichen Arzthaftung: Forum poenale 7/2014, 238–243.

19 Der in diesem Kapitel verwendete Begriff «Fehler» ist nicht gleichzusetzen mit einem juristischen «Behandlungsfehler». Der Begriff «Fehler» ist nicht eindeutig definiert. Im Zusammenhang mit sog. Fehlermeldesystemen wird auch von Komplikationen, Nebenwirkungen oder unerwünschten Ereignissen gesprochen.

20 Für wichtige Literaturhinweise danke ich Prof. David Schwappach, MPH, wissenschaftlicher Leiter der Stiftung für Patientensicherheit, sowie Prof. Bernice Elger, Institut für Bio- und Medizinethik, Universität Basel.

der Ansätze zur präventiven Vermeidung (gemeinsames Lernen aus den «Fehlern» der anderen).[21]

In der Schweiz betreut die Stiftung Patientensicherheit[22] das Nationale Fehlermeldesystem CIRRNET.[23] Aktuell auf einer für die Spitäler noch freiwilligen, d. h. gesetzlich nicht verankerten Basis werden Fehlermeldungen in anonymisierter Form in lokale Datenbanken eingetragen und in einem überregionalen Netzwerk zusammengefasst, wobei alle personenbezogenen Informationen vertraulich behandelt werden. Die gemeldeten Fehler werden von Experten analysiert und, falls sinnvoll, mit Empfehlungen (sog. Quick-Alerts) veröffentlicht.[24]

Allerdings enthalten solche Fehlermeldesysteme auch Informationen, die in einem Gerichtsverfahren relevant sein könnten. Auch wenn die Einträge im CIRS nicht Teil des Patientendossiers sind und im Zusammenhang mit Haftungsverfahren nicht als Akten dienen soll(t)en, ist dies aufgrund der aktuellen Rechtslage nicht gänzlich ausgeschlossen.[25] Das ist auch einer der Gründe, warum empfohlen wird, Fehler im Kontext noch nicht abgeschlossener Behandlungen mit allfälligen Haftungsfolgen nicht in das CIRS einzutragen. Zudem muss die Anonymisierung so ausgestaltet sein, dass Rückschlüsse auf individuelle Patienten und einzelne Mitarbeitende ausgeschlossen sind (eventuell unter Vernichtung der Originaleinträge). Da auch Informationen wie Datum oder Stationsbezeichnungen eine Identifizierung ermöglichen können, ist diesen Aspekten besonders Rechnung zu tragen. Die

—

21 Christina Gunkel et al., CIRS – Gemeinsames Lernen durch Berichts- und Lernsysteme: Nicola Herbig/Stefan Poppelreuter/Hermann Thomann (Hg.), Qualitätsmanagement im Gesundheitswesen, Köln [31]2013, 1–46.

22 Die Stiftung für Patientensicherheit wurde im Dezember 2003 – auf Initiative des Bundes – als Gemeinschaftswerk vom Bund, der Schweizerischen Akademie der medizinischen Wissenschaften, Gesundheitsberufsverbänden, dem Kanton Tessin und der Schweizerischen Patientenorganisation gegründet. Ihr Ziel besteht darin, zur Verbesserung der Patientensicherheit und zur Verminderung von Fehlern in der Gesundheitsversorgung beizutragen.

23 Vgl. www.patientensicherheit.ch/de/themen/Aus-Fehlern-lernen---Meldesysteme/CIRRNET.html (21.10.2015).

24 Olga Frank et al., CIRRNET – Aus Fehlern lernen, eine Erfolgsgeschichte: Therapeutische Umschau 69/2012, 341–346.

25 Vgl. Recommendation (2006) 7 of the Committee of Ministers to member States on management of patient safety and prevention of adverse events in health care. Council of Europe. Committee of Ministers.

rechtliche Unsicherheit und die Tatsache, dass Einträge auf freiwilliger Basis erfolgen, stellen eine der Grenzen des CIRS dar; dieses kann immer nur einen Teil der sicherheitsrelevanten Ereignisse abbilden.

Studien zeigen aber deutlich, dass Patienten eine offene Kommunikation über Fehler und Zwischenfälle wünschen und eine als unangemessen empfundene Kommunikation das Arzt-Patienten-Verhältnis zusätzlich belasten kann.[26] In Kommunikationsanleitungen für Ärzte wird deshalb gefordert, dass Fehler rasch, persönlich und eindeutig offen gelegt werden und der betreffende Arzt die Verantwortung übernehmen und sich entschuldigen sollte.[27] In der Praxis wird dies, wie Studien zeigen, aber nur teilweise umgesetzt bzw. realisiert, die Auseinandersetzung mit Fehlern findet häufig nur «im Stillen» statt. In einer Querschnittsstudie bei Schweizer Anästhesisten[28] gaben zwar 81 % der Antwortenden an, dass gravierende Fehler, 77 %, dass leichtere Fehler, und 19 %, dass Beinahefehler den Patienten kommuniziert werden sollten. Die tatsächliche Bereitschaft, Fehler zu kommunizieren, war jedoch deutlich tiefer, wobei deutliche Unterschiede zwischen einzelnen Institutionen bestanden. Studien zeigen darüber hinaus, dass die «Hauskultur» eine zentrale Rolle dabei spielt, ob und wie über Fehler kommuniziert wird. Ein weiterer wichtiger Grund für die fehlende Bereitschaft, Fehler einzugestehen, ist die Angst vor allfälligen rechtlichen Folgen.[29] Ärzte stehen hier in einem Spannungsverhältnis zwischen den Forderungen einer offenen Fehlerkultur und der Warnung, sich selbst zu belasten oder eine Schuld anzuerkennen.[30] Gerichtliche (insbesondere strafrechtliche) Verfahren können tatsächlich äusserst belastend und stigmatisierend sein. Selbst dann, wenn das Verfahren eingestellt wird oder in einem Freispruch resultiert,

—

26 Thomas H. Gallagher et al., Patient's and physicians' attitudes regarding the disclosure of medical errors: JAMA 289, 2003, 1001–1007.

27 Vgl. beispielsweise den SAMW-Leitfaden Kommunikation im medizinischen Alltag (2013), Kap. 3.11: Gespräch über Behandlungsfehler; www.samw.ch/de/Publikationen/Leitfaden.html (21.10.2015).

28 Stuart R. McLennan et al., Disclosing and reporting medical errors. Cross-sectional survey of Swiss anaesthesiologists: Eur J Anaesthesiol 32, 2015, 1–6.

29 Gallagher 2003 (Anm. 26).

30 Die FMH empfiehlt nach einem Schadenfall ein Gedächtnisprotokoll zu erstellen und dieses von einer Anwältin durchlesen zu lassen. Siehe: www.fmh.ch/files/pdf12/Vorgehen_nach_einem_Zwischenfall_D.pdf (21.10.2015).

bleibt unter Umständen eine Stigmatisierung zurück, sodass die Behandelnden selbst zu Opfern (*second victims*) werden können.[31] Studien zeigen, dass Fehler (und Haftpflichtprozesse) nicht nur die berufliche Identität (Vertrauen in die eigene Kompetenz, Angst vor weiteren Fehlern, Berufszufriedenheit und Reputation) tangieren, sondern auch das Privatleben beeinträchtigen (Schlafstörungen, Depression etc.).[32] Zu Recht weist die Stiftung Patientensicherheit darauf hin, dass ein Teufelskreis entstehen könne, wenn solche Folgeerscheinungen nicht systematisch und konstruktiv angegangen würden; dies sei nicht nur individuell tragisch, sondern könne auch betrieblich und strategisch relevant sein.

IV. Fazit

Der Umgang mit Fehlern hat sich in den letzten Jahrzehnten verändert, wozu verschiedene Faktoren beigetragen haben. Fehler werden heute weniger als früher als schicksalhaft und als etwas Unvermeidliches akzeptiert. Ärzte werden eher als Dienstleister wahrgenommen und weniger als Autoritätspersonen, deren Handlungen einer kritischen Beurteilung entzogen wären. Patienten sind sich ihrer Rechte bewusster und eher bereit, Forderungen zu stellen, wenn eine Behandlung nicht den gewünschten Erfolg zeigt. Gleichzeitig bestehen Bestrebungen für eine offenere Fehlerkultur. Für eine vertrauensvolle Arzt-Patienten-Beziehung ist dies von Bedeutung. Schliesslich ist es unbestritten, dass Patienten nicht nur Anspruch auf umfassende Aufklärung haben, sondern dass sie auch offen und ehrlich über Fehler informiert werden möchten. Verschiedene Faktoren stehen dabei im Wege.

Das aktuelle Haftungsregime fokussiert auf das Fehlverhalten des Einzelnen und setzt ausserdem die Schwelle der Haftungsvoraussetzungen tief an, indem auch leichte Fahrlässigkeit haftungsauslösend sein kann. Auch wenn

---

31 Vgl. www.patientensicherheit.ch/de/themen/Umgang-mit-Zwischenfaellen/Taeter-als-Opfer.html (21.10.2015).

32 Nicoletta von Laue et al., «Second victim» – error, crises and how to get out of it: Therapeutische Umschau 69/2012, 367–370; David Schwappach/Till Boularte, The emotional impact of medical error involvement on physicians: A call for leadership and accountability: Swiss Medical Weekly 138/2008, 9–15.

in der Schweiz nach wie vor in den meisten Fällen aussergerichtliche Einigungen getroffen und langwierige und belastende Verfahren vor Gericht vermieden werden, bleibt die Angst vor den sozialen und rechtlichen Folgen eines Behandlungsfehlers (Stigmatisierung und Gerichtsverfahren) bestehen. Dies kann zu einem defensiven Handeln verleiten, das in einem Spannungsverhältnis zu grundlegenden Prinzipien der ärztlichen Tätigkeit steht. Wenn Massnahmen primär zur eigenen Absicherung («Defensivmedizin») durchgeführt, «riskante» Patienten abgewimmelt und nicht behandelt werden sowie die schriftliche Aufklärung primär zur Beweissicherung für den Arzt dient, steht dies mit den grundlegenden ärztlichen Prinzipien im Widerspruch.

Die Fokussierung auf das Fehlverhalten des Einzelnen blendet zudem die Umgebungsfaktoren, die das Entstehen von Fehlern begünstigen, aus und trägt den oft komplexen Handlungszusammenhängen im medizinischen Alltag zu wenig Rechnung. Systeme wie das CIRS, die fehlerbegünstigende Rahmenbedingungen erfassen, können hier einen Beitrag zu einer neuen Fehlerkultur leisten. Sie können sich jedoch nur durchsetzen, wenn sie in ein Gesamtsystem eingebettet sind, in welchem der einzelne Behandler sich nicht davor fürchten muss, dass ein Offenlegen seiner Fehler für ihn nachteilig ist. Garantien, die sicherstellen, dass die offene Fehlerkommunikation im CIRS in einem späteren Rechtsverfahren nicht verwendet werden darf, können dieser Angst entgegenwirken. Zu prüfen sind aber auch Ansätze im Haftpflichtrecht, die der Komplexität und den Risiken medizinischer Behandlungen stärker Rechnung tragen und den einzelnen Arzt weniger in den Vordergrund stellen. Hier sind neue Modelle zu diskutieren, die z.B. eine Entkoppelung von Entschädigungspflicht und Verantwortung vorsehen, wobei grobfahrlässige und vorsätzlich verursachte Schäden selbstverständlich weiterhin dem individuellen Verursacher anzuhaften sind.[33]

—

33 Stuart McLennan et al., Regulation open disclosure: a German perspective: International Journal for Quality in Health Care, 24/2012, 23–26.

Konstantin Beck

Krankenversicherer und systematische Behandlungsfehler

Das Fallbeispiel Yasmin

I. Grundsätzliche Probleme des Versicherers im Umgang mit Behandlungsfehlern

Wenn ein Versicherer bei Behandlungsfehlern intervenieren will, stellt er bald einmal fest, dass ihm notwendige Informationen fehlen (Teil I.1). Nur in Einzelfällen kann er sich diese Informationen beschaffen und gegebenenfalls Klage führen. Ein Beispiel dafür ist die Klage der Intras Versicherung AG gegen Bayer (Teil II.1). Es ging dabei um den Vorwurf eines Produktemangels beim Medikament «Yasmin». Die Verschreibung eines mangelhaften Medikaments entspricht einem systematischen Behandlungsfehler.

Eine Haftungsklage kann als eine Art *ultima ratio* verstanden werden. Wesentlich sinnvoller wäre es, es käme gar nicht zur Klage, weil gut informierte Patientinnen und Ärzte in Ruhe eine Risikobeurteilung vornehmen, welche die Einnahme allzu risikobehafteter Medikamente ausschliesst. Eine gute Entscheidungsfindung hätte dann sowohl medizinisch als auch juristisch eine präventive Wirkung. In der vorliegenden Analyse soll aus einer ökonomischen Optik heraus (Teil II.2) abgeleitet werden, wie die gesetzlichen Regeln angepasst werden könnten, so dass die gewünschte präventive Wirkung eintreten würde (Teil II.3). Dabei kalkulieren wir bezogen auf Yasmin und gestützt auf die aktuelle epidemiologische Datenlage erstmals die Kosten der Nebenwirkungen pro Jahrespackung. Es zeigt sich, dass diese Kosten den Preis des Medikaments übersteigen. Das beanstandete Produkt scheint mehr Schaden als Nutzen zu produzieren. Zuvor beleuchten wir jedoch den Handlungsrahmen des Versicherers genauer (Teil I.1 bis I.3). Teil III schliesst den Artikel mit Schlussfolgerungen ab.

1. Darf der Versicherer Behandlungsfehler beanstanden?

Die primäre Aufgabe eines Krankenversicherers[1] besteht darin, die Gesundheitskosten seiner Versicherten zu finanzieren. Dabei wird diese Verpflichtung einerseits durch die Definition eines Leistungskatalogs in ihrer inhaltlichen Breite und andererseits durch Tarifverträge und Kostenbeteiligungen der Versicherten in ihrer finanziellen Höhe festgelegt. Darüber hinaus verpflichtet der Gesetzgeber die Versicherer zur Kontrolle der erbrachten Behandlungen. Dabei spielen die sogenannten WZW-Kriterien[2] eine zentrale Rolle, denn jede zu finanzierende Leistung muss gleichzeitig *wirksam, zweckmässig* und *wirtschaftlich* sein. Die WZW-Kriterien erlauben es, Behandlungsfehler von der Finanzierung auszuschliessen, da sie logisch zwingend als unzweckmässig anzusehen sind.

Das praktische Problem liegt nun darin, dass dem Versicherer in der Regel die für die Kontrolle notwendigen Informationen fehlen. Im stationären Bereich verfügt er zwar seit 2012 über einen sogenannten DRG-Code. Dieser legt nur den Tarif fest. Es wird der Branche aber sowohl der Diagnosecode (und damit der Grund einer Behandlung) sowie der CHOP-Code (der die durchgeführte Tätigkeit beschreibt) vorenthalten. Im ambulanten Bereich verfügt der Versicherer über den TARMED-Code, der detailliert angibt, welche Leistung erbracht wurde. Der dazugehörige Tessiner Diagnosecode ist allerdings ohne praktische Aussagekraft, weil er beispielsweise AIDS und Grippe in dieselbe Gruppe einteilt.[3] Das heisst, der Versicherer weiss zwar ungefähr, was gemacht worden ist, aber nicht, warum es zu diesem Eingriff gekommen ist.

2. Der systembedingte statistische Blick des Versicherers

Dem Versicherer wird also vom Gesetzgeber zwar ein Recht zum Schutz seines Versichertenkollektivs vor nicht gerechtfertigten Kosten zugestanden, die dazu notwendigen Informationen kann er sich jedoch nur auf explizite Rückfrage und nur für den Einzelfall beschaffen. Ein Versicherer ist jedoch kein Unternehmen, das einzelfallbezogen agiert. Er entfaltet seine Wirkung umso

---

1 Wir beschränken uns im Folgenden auf die Sozialen Krankenversicherer, welche die im Krankenversicherungsgesetz (KVG) definierte obligatorische Krankenversicherung anbieten.

2 Nach KVG Art. 32.

3 TARMED-Klasse G9: «Andere infektiöse oder parasitäre Erkrankungen», vgl. Konstantin Beck et al., Eine empirische Analyse des Krankheitsrisikos: Konstantin Beck (Hg.), Risiko Krankenversicherung, Bern 2013, 53–86 (76f.).

stärker, je grösser das versicherte Kollektiv ist, denn je grösser das Kollektiv, desto kleiner das verbleibende Risiko pro Kopf.[4] Die Masse prägt das Tagesgeschäft. Darum steht für den Versicherer *die statistische Betrachtung* im Vordergrund. Aus dieser Optik kann er auch auf systematische Fehlbehandlungen schliessen. Ein Blick auf Präventionsuntersuchungen soll das Spezifische der Versicherer-Optik illustrieren.[5]

2.1 Die Frage der optimalen präventiven Untersuchung

Eine präventive Untersuchung oder ein präventiver Test haben zum Ziel, eine Gruppe von Individuen anhand eines gemessenen Kriteriums und bezogen auf eine bestimmte Krankheit in zwei Klassen zu unterteilen: Die erste Klasse (linke Häufigkeitsverteilung in Abbildung 1) umfasst alle Personen, die nicht Träger dieser Krankheit sind, und die zweite Klasse (rechte Häufigkeitsverteilung) umfasst die Träger der Krankheit in einem möglichst frühen Stadium ihrer Krankheit. Wir nennen die erste Klasse die «Gesunden», die zweite die «Kranken». Nun unterscheiden sich zwar die Gesunden von den Kranken dahingehend, dass die meisten Gesunden das (horizontal abgetragene) Testkriterium weniger ausgeprägt aufweisen als die Kranken. In der Mitte überschneiden sich die beiden Klassen jedoch, so dass eine klare Gruppeneinteilung nur gestützt auf eine festgelegte (kritische) Grenze möglich ist. Alle Personen oberhalb der Grenze gelten als krank und alle unterhalb als gesund. Das hat unmittelbar zwei Arten von Fehlern zur Folge. Der Fehler erster Art (dunkle Fläche) umfasst alle tatsächlich Gesunden, die zur Gruppe der Kranken gezählt werden. Ebenso gibt es die tatsächlich kranken Personen, die als gesund klassiert werden (Fehler zweiter Art, helle Fläche). Die Fehler stellen ein unentrinnbares Dilemma dar. Denn wer den Fehler erster Art minimiert und die kritische Grenze nach aussen verschiebt, erhöht gleichzeitig den Fehler zweiter Art, und umgekehrt.

—

4 Hierbei handelt es sich um die praktische Anwendung des mathematischen (schwachen) Gesetzes der grossen Zahl, vgl. Karl Bosch, Statistik-Taschenbuch. München u. a. 1992, 325f.

5 Die von der Grundversicherung gedeckten Vorsorgeuntersuchungen sind in der KLV, Art. 12d und 12e, aufgelistet.

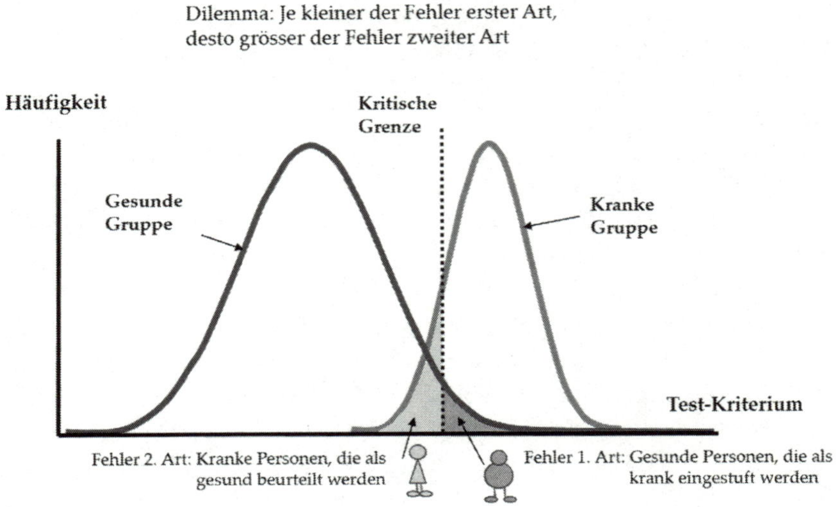

Abb. 1: Prinzip des präventiven Tests

Die statistische Optik verwischt die Trennlinie zwischen zweckmässigen und unzweckmässigen Behandlungen respektive Präventionsuntersuchungen. Wer solche durchführt, muss demnach Test-Fehler in Kauf nehmen. Dieselbe Untersuchung kann für Gesunde mit gering ausgeprägtem Test-Merkmal zweckmässig sein, während sie für Gesunde mit überdurchschnittlich stark ausgeprägtem Testmerkmal unzweckmässig ist. Da jedoch a priori unbekannt ist, wer gesund ist, hilft diese Unterscheidung in zweck- und unzweckmässig nicht weiter.

2.2 Medikamente mit Nebenwirkungen

Mit einer zweiten Überlegung zu Medikamenten mit Nebenwirkungen kommen wir zurück zum Begriff Behandlungsfehler. Unter Ärzten zirkuliert der Witz, ein Medikament, das keine Nebenwirkungen aufweise, habe auch keine Wirkung. Der Witz dürfte einen wahren Kern haben. Nebenwirkungen sind Teil eines weiteren Dilemmas, das untrennbar mit der Einnahme von Medikamenten verbunden ist. Wiederum stellt sich das Problem, dass die Gruppe, die mit Nebenwirkungen reagieren dürfte, a priori nicht identifizierbar ist. Zwar lässt sich im Rahmen der Zulassung eines Medikaments die Häufigkeit des Auftretens von Nebenwirkungen abschätzen, aber für viele Individuen bleiben die Nebenwirkungen ein statistisches Risiko, das sie mit der Einnahme auf sich nehmen und nur mit dem Verzicht auf die Heilwirkung des Medikaments ausschliessen können.

Gegenüber dem Individuum, das seine eigene Erkrankung nicht in einen statistischen Zusammenhang bringen kann, hat hier der Versicherer den Vorteil, dass er möglicherweise die Häufigkeit von (zumindest sehr schweren oder sehr typischen) Nebenwirkungen erkennt (wobei nach wie vor die in Abschnitt I.2.1 beschriebenen Einschränkungen gelten). Er würde damit in die Lage versetzt, die auf der Packungsbeilage angegebene Häufigkeit (schwerer) Nebenwirkungen aufgrund ihrer tatsächlichen Häufigkeit innerhalb seines Versichertenkollektivs kritisch zu überprüfen. Zudem kann er das Risiko der Nebenwirkung in Franken umrechnen, was für viele Personen aussagekräftiger ist als eine abstrakte Wahrscheinlichkeit (wir kommen in Teil II.3 darauf zurück). Fällt dabei die finanzielle Bewertung des Risikos sehr hoch aus, stellt sich die Frage, ob hier noch von Nebenwirkungen oder nicht bereits von einem Produktemangel gesprochen werden soll. In dieser Situation scheint der Versicherer aufgerufen, der Verwendung des auffälligen Medikaments Einhalt zu gebieten. Die Entscheidungsautonomie der Patienten verkompliziert die Situation allerdings zusätzlich.

3. Das Problem der Entscheidungsautonomie

Aus dem bisher Beschriebenen konnte der Eindruck entstehen, der Versicherer habe die Pflicht und das Recht, die Einnahme eines Medikaments einzuschränken. Eine solche Einflussnahme auf die Behandlung steht dem Sozialen Krankenversicherer jedoch nicht zu. Der Behandlungsentscheid ist ausschliesslich Sache von Patient und behandelnder Ärztin. Zwar kann der Versicherer im Schadenfall die Übernahme der Kosten anfechten und eine der drei Parteien (Patient, Ärztin, Medikamentenhersteller) finanziell zur Rechenschaft ziehen.[6] Das kann er aber erst *nach* Eintritt eines Schadens tun. Damit entfällt eine unmittelbare präventive Wirkung, die einleitend angesprochen

---

6 Gegen die Haftung des Patienten sprechen zwei Gründe. Einerseits postuliert das KVG keine Eigenverantwortung. Auch Unfallkosten als Folge von Risikosportarten oder die Behandlungskosten von Leberschädigungen wegen übermässigen Alkoholkonsums werden von der Grundversicherung diskussionslos gedeckt. Andererseits würde es die Öffentlichkeit nicht verstehen, wenn ein Opfer schwerer Nebenwirkungen durch eine Haftungsklage noch zusätzlich in finanzielle Schwierigkeiten käme.

worden ist. Es ist sinnvoller, die Entscheidungssituation von Arzt und Patientin dahingehend zu beeinflussen, dass übermässig risikobehaftete Medikamente gar nicht erst gewählt werden.

Im Folgenden soll anhand eines konkreten Falles nicht nur gezeigt werden, wie dieser vor Gericht verhandelt worden ist (Teil II.1), sondern auch, mit welchen geänderten gesetzlichen Regeln die oben angesprochene präventive Wirkung bei gefährlichen Medikamenten realisiert werden kann, ohne dass die Entscheidungsautonomie von Patientin und Arzt eingeschränkt wird (Teil II.3).

II. Das Fallbeispiel Yasmin

1. *Die juristische Diskussion – Céline contra Yasmin*

Dass eine von dramatischen Nebenwirkungen betroffene Person Klage gegen die Herstellerin des verursachenden Medikaments führt, ist nachvollziehbar. Dass ein grosser Versicherer im gleichen Verfahren als Nebenkläger auftritt, mag auf den ersten Blick befremden (und befremdete, das sei zugegeben, anfänglich auch den Schreibenden). Nebenwirkungen gehören zu jedem Medikament. Aus dem erschütternden Fall eines sehr jungen Mädchens, das lebenslänglich schwerwiegendste gesundheitliche Schädigungen davonträgt, eine Produkthaftung ableiten zu wollen, scheint wenig seriös. Erst eine detaillierte Analyse der Informationsmittel lässt ernstzunehmende Fragen bezüglich des Informationsstandes von Patientin und Arzt zum Zeitpunkt des Produktentscheids aufkommen. Doch sei zuerst der Fall rekapituliert.

1.1 Der Fall

In seiner Urteilsverkündung vom 15. Januar 2015 beschreibt das Bundesgericht den Sachverhalt wie folgt: Die damals 16-jährige Klägerin «erhielt am 16. Januar 2008 von ihrem Gynäkologen eine Packung der verschreibungspflichtigen Schwangerschaftsverhütungspille Yasmin sowie ein Rezept für den Bezug einer weiteren Packung dieser Pille, welche von Bayer (Schweiz) AG […] importiert und vertrieben wird.

Am Morgen des 20. März 2008 brach die Klägerin zusammen und musste notfallmässig hospitalisiert werden. Sie erlitt eine beidseitige Lungenembolie und als Folge des Sauerstoffmangels eine schwere Hirnschädigung. Die Klägerin ist heute spastisch gelähmt und schwer invalid. Sie führt ihren Gesundheitsschaden auf eine unerwünschte Nebenwirkung der Pille Yasmin zurück, nämlich ein erhöhtes Risiko bei den Anwenderinnen eine venöse Thromboembolie [...] zu verursachen.»[7]

Beim Produkt Yasmin handelt es sich um ein hormonales Kontrazeptivum (Schwangerschaftsverhütungsmittel), das einen kombinierten Wirkstoff verwendet. Eine Filmtablette enthält 3 mg Drospirenon und 0,03 mg Ethinylestradiol.[8] Alle hormonalen Kontrazeptiva weisen als Nebenwirkung eine erhöhte Wahrscheinlichkeit von Thrombosen auf. Ein venöses thromboembolisches Ereignis (VTE) kann in 20 % der Fälle zu Invalidisierung und in 1–2 % der Fälle zum Tod führen.[9] Beim Produkt Yasmin kommt dazu, dass der darin enthaltene Wirkstoff Drospirenon ein Gestagen der sogenannten dritten Entwicklungsgeneration ist. Diese stehen unter Verdacht, das beschriebene Risiko eines VTE im Vergleich mit älteren Kontrazeptiva zu erhöhen.[10] Als wietere Nebenwirkungen von Yasmin ist eine Reduktion von Akne und übermässiger Talgproduktion der Haut (Seborrhö) bekannt.[11] Diese das äussere Erscheinungsbild positiv beeinflussenden Effekte führten dazu, dass Yasmin von jungen Frauen auch als Lifestyle-Produkt nachgefragt wurde, wobei der empfängnisverhütende Effekt für den Kaufentscheid teilweise irrelevant war.[12] Die Frage stellt sich, ob sich die Konsumentinnen der teils erheblichen Nebenwirkungen im vollen Ausmass bewusst sind. Vor diesem Hintergrund ist die gerichtliche Auseinandersetzung zum eingangs beschriebenen Fall zu sehen.

---

7 BGer 4A_365/2014, 3.

8 Bayer, Yasmin: Fachinformation: AMZV (Hg.), Arzneimittel-Kompendium der Schweiz, Documed AG, Basel 2012; www.compendium.ch, Stand 02.02.2015, 1–16,1.

9 Gabriele Susanne Merki-Feld et al., Expertenbrief zum Thromboembolie-Risiko unter hormonaler Kontrazeption: Schweizerische Gesellschaft für Gynäkologie und Geburtshilfe (Hg.), Expertenbrief Nr. 35 (aktualisierte Version Juni 2013), Inselspital Bern, 1–4,1.

10 Eine Übersicht über die Entwicklung oraler Kontrazeptiva liefert Ruth Draths, Neue Kontrazeptiva. Aktuelle Entwicklungen und Diskussionspunkte: info@gynäkologie_04_2011, 9–11.

11 Bayer, Yasmin: Patienteninformation: AMZV (Hg.), Arzneimittel-Kompendium der Schweiz, Documed AG, Basel 2012, 1–12,1.

12 Vgl. Katrin Wegner, Nebenwirkungen erwünscht. Dokumentarfilm von Heikon Nord im Auftrag von WDR & Arte, 2012 (ausgestrahlt am 19.11.2014).

1.2. Gerichtsentscheide im Fall Céline P.

In der Anklageschrift sind zwei hauptsächliche Argumentationsstränge erkennbar. Einerseits beanstandet sie die dem Produkt beigelegte Packungsbeilage, weil diese mit keinem Wort das zusätzlich erhöhte Thromboserisiko des Wirkstoffs Drospirenon erwähnte. Andererseits erachtet sie die Vermarktung eines verschreibungspflichtigen Medikaments als Lifestyle-Produkt als nicht statthaft, weil dadurch die dem Produkt anhaftenden Gesundheitsrisiken aus dem Bewusstsein der Konsumentinnen verdrängt worden seien.[13] Die daraus abgeleitete Klage auf mangelhafte Sorgfaltspflicht und Haftung des Herstellers von Yasmin wurde am 13.8.2013 vom Bezirksgericht Zürich, am 7.5.2014 vom Obergericht des Kantons Zürich und am 5.1.2015 schliesslich vom Bundesgericht abgewiesen. Die Begründung der obersten Instanz lautete wie folgt: «Bei rezeptpflichtigen Medikamenten ist davon auszugehen, dass dem Patienten selber in der Regel das nötige Fachwissen fehlt, um die Gefahren richtig einschätzen zu können. Das Wissen des Arztes ist deshalb miteinzubeziehen. Dieser hat die Chancen und Risiken der verschiedenen auf dem Markt erhältlichen Produkte im Hinblick auf die konkrete Anwendung abzuwägen und mit dem Patienten zu diskutieren. Es ist aus diesem Grund nicht zu beanstanden, dass auf das allenfalls höhere Risiko einer Embolie im Vergleich zu früheren Produkten nur in der Fachinformation für Ärzte hingewiesen wurde, nicht aber in der Patienteninformation zu ‹Yasmin›.»[14]

2. *Eine ökonomische Analyse des Falls Céline P.*

Ökonomisch betrachtet geht es im Fall Yasmin um einen Kaufentscheid für oder gegen ein Medikament mit erheblichen Nebenwirkungen. Ökonomen interessieren sich für Kaufentscheide, weil der frei getroffene Kaufentscheid des gut informierten Individuums die Grundlage der ökonomischen Wohlfahrtstheorie darstellt. Unter bestimmten Bedingungen stellt sich als Folge solcher Kaufentscheide ein gesellschaftliches Wohlfahrtsoptimum ein.[15]

—

13 Bayer, Yasmin: Patienteninformation, 2003/2004: AMZV (Hg.), Arzneimittel-Kompendium der Schweiz, Documed AG Basel 2004, 1–7 und Volker Pribnow, Beschwerde in Zivilsache Intras/Pfleger gegen Bayer (Schweiz) betreffend Urteil des Obergerichts des Kt. Zürich vom 07.04.2014 (LB130045 +cLB130049), Advokatur Baden, Juni 2014.

14 Bundesgericht, Medienmitteilung. Verhütungspille «Yasmin»: Keine Produkthaftung von Bayer, Lausanne, 21.01.2015, 2.

15 Diese Bedingungen sollen hier nicht abschliessend aufgezählt werden. Eine detaillierte Darstellung liefern: Jack Hirshleifer, Price Theory and Applications, London

Eine erste Bedingung für wohlfahrtsmaximierende Entscheide ist ein ausreichender Kenntnisstand über Nutzen und Gefahren bei derjenigen Person, die den Kaufentscheid fällt. Genau das war Inhalt der gerichtlichen Auseinandersetzung. Die Wenigsten sind in der Lage, die Risiken eines Medikaments korrekt abzuschätzen. Sie benötigen dafür spezifische Informationen. Das Gesetz schreibt vor, dass sowohl die Konsumentin als auch der verschreibende Arzt von der Herstellerin über die produktspezifischen Risiken schriftlich aufgeklärt werden müssen. Patienten- und Fachinformation sind zusammen mit der chemischen Zusammensetzung des Produkts integraler Bestandteil der Produktzulassung durch Swissmedic (der Zulassungsstelle).[16]

Mit dieser Regelung will der Gesetzgeber die Gefahr einer verharmlosenden Produktbeschreibung eindämmen. Denn die Herstellerin hat aus Gründen der Umsatzmaximierung den Anreiz, die Produktqualität allzu positiv darzustellen. Das Bundesgericht diskutierte lediglich die Frage, ob eine unvollständige Patienteninformation statthaft sei. Es bejahte den Sachverhalt mit der Begründung, dass ein verschreibungspflichtiges Medikament mit dem Arzt besprochen werden müsse und diesem die Aufgabe zufalle, Gefahren und Nutzen verständlich darzustellen. Ein allenfalls unvollständiger Produktbeschrieb für den Patienten werde durch eine ausführlichere Darstellung in der Fachinformation an die Ärzte kompensiert.

Das Bundesgericht prüfte jedoch nicht, ob die Darstellung in Patienten- und Fachinformation wirklich komplementär und widerspruchsfrei ist, ob der Inhalt dem Stand der Forschung und die Formulierung dem allgemeinen Sprachverständnis entspricht. Diese Analyse soll hier nachgeholt werden.

2.1 Wird das Thromboserisiko korrekt dargestellt?

Betrachten wir dazu die Patienteninformation in der für den Gerichtsfall relevanten Fassung von 2004:

(i) «Bei Frauen, die hormonale Empfängnisverhütungsmittel – einschliesslich Yasmin – anwenden, besteht ein leicht erhöhtes Risiko für Gerinnselbildung in Venen und Arterien […]

(ii) welche zu teilweise schweren Gesundheitsschäden führen kann.

(iii) Das Risiko für Gerinnselbildung ist am höchsten während dem ersten Anwendungsjahr.

—

1980, 303–348 und 520–549, sowie Geoffrey A. Jehle/Philip J. Reny, Advanced Microeconomic Theory, Boston u. a. 2001, 165–175.

16 BGer 2014 (Anm. 7), Ziff. 4, 7, und Heilmittelgesetz, Art 11 Abs 1 Lit f.

(iv) Eine Gerinnselbildung kann in Venen zu tiefen Venenthrombosen (Venenentzündungen) oder Lungenembolie, in Arterien zu Schlaganfall oder Herzinfarkt führen.
(v) Das Risiko für solche Thrombosen oder Embolien besteht bei der Einnahme aller hormonalen Empfängnisverhütungsmittel,
(vi) es ist jedoch geringer als während einer Schwangerschaft.»[17]

Positiv hervorgehoben sei, dass die gefährlichsten Nebenwirkungen erwähnt und beschrieben werden (Abschnitte (ii) und (iv)). Die Patientin wird über Art und Ausmass der möglichen Schädigung adäquat informiert.

Quelle	Nicht-Anwenderinnen oraler Kontrazeptiva	Schwangere	Anwenderinnen kombinierter Kontrazeptiva	Anwenderinnen komb. Kontrazeptiva mit Drospirenon
Patientinnen-information 2004†	k. A.	k. A.	Risiko leicht erhöht, geringer als bei Schwangerschaft	k. A.
Fachinformation 2007††	0.5–3	6	4	k. A.
Fach-/Patienteninformation 2012†††	4–5	20–30	8–10	x 2 (= ?)
SGGG 2013*	Alter 15–35: 1–2 35–44: 3–5	8–30 pro Schwangerschaft	5.5–10	x 2 (= ?)
Swissmedic 2015**	2	k. A.	5–7	9–12

k. A. = Keine Angaben
†) Patienteninformation 2003/2004 (Anm. 13), 1.
††) Fachinformation 2007 (Anm. 18), 4.
†††) Fachinformation 2012 (Anm. 8), 5f.; Patienteninformation 2003/2004 (Anm. 13), 3.
*) Merki-Feld 2013 (Anm. 9), 1f.
**) Swissmedic 2015 (Anm. 24), 2.

Tab. 1: Inzidenz venöser Tromboembolien (VTE) pro 10'000 Frauenjahre

17 Patienteninformation 2003/2004, (Anm. 13), 1–7,2, Satznummerierung hinzugefügt.

Problematischer wird es, wenn es um die Schadenwahrscheinlichkeit geht. Der Patientin werden (in der Fassung von 2004) keinerlei Zahleninformationen zugemutet. Das kann mit einer bewussten Reduktion der Komplexität begründet werden. Die gemachten Angaben sind aber bisweilen irreführend und teilweise falsch. Dazu müssen wir auf Tabelle 1 verweisen, welche den Vergleich der Risikoinformationen in verschiedenen Publikationen zeigt. Die im betrachteten Zeitpunkt (2007) relevante Fachinformation für den Arzt steht in Zeile 2. Obwohl sowohl die Wahrscheinlichkeit arterieller als auch venöser Thrombosen ansteigt, beschränken sich die Fachinformationen ohne Angabe von Gründen auf venöse thromboembolische Ereignisse (VTE).[18] Andrea James weist ein Verhältnis von 20 zu 80 in Bezug auf arterielle und venöse Thrombosen aus, allerdings bezogen auf Schwangerschaften.[19] Die hier interessierende Thrombosen-Häufigkeit wird damit möglicherweise 20 % zu gering ausgewiesen. Zahlenangaben zum arteriellen Thromboserisiko fehlen auch in der Fachinformation von 2012,[20] also nach Erscheinen der Arbeit von Andrea H. James. Swissmedic begründet dies mit der spärlichen Datenlage.[21]

Die Häufigkeit von VTE (stets ausgedrückt als Anzahl VTE pro 10'000 Frauenjahre) nimmt für alle Anwenderinnen kombinierter Kontrazeptiva zu. Nicht-Anwenderinnen erleiden 0.5 bis 3 VTE (pro 10'000 Frauenjahre), Anwenderinnen deren 4. Spezifische Risikoaussagen zu Medikamenten, welche wie Yasmin Drospirenon enthalten, finden sich auch hier keine. Der Unterschied zwischen jungen Nicht-Anwenderinnen und jungen Yasmin-Anwenderinnen kann das 8-Fache betragen.[22] Das entspricht nicht dem, was umgangssprachlich unter einem «leicht erhöhten Risiko» (Abschnitt [i]) verstanden wird. Eine Befragung von 43 Bachelor-Studenten der Universität Zürich

---

18 Bayer, Yasmin: Fachinformation 2007: ASZM (Hg.), Arzneimittel-Kompendium der Schweiz, Documed AG Basel 2007, 1–10,4.

19 Andrea H. James, Venous Thromboembolism in Pregnancy: Arterioscler Thromb Vasc Biol. 29/2009, 326–331 (326). Das Fehlen des arteriellen Risikos könnte auf damals fehlende Evidenz zurückgeführt werden. Allerdings fehlt der Hinweis auch in der Fachinformation von 2012 (Anm. 8), also nach Erscheinen der Arbeit von Andrea H. James.

20 Fachinformation 2012 (Anm. 8).

21 Swissmedic, Keine Regulierungsfehler im Fall Céline contra Yasmin: SÄZ 97/2016 (1), 32–33 (33).

22 Für das Thromboserisiko junger Anwenderinnen gilt eher die untere Hälfte des Intervalls von 0.5 bis 3 VTE pro 10'000 Frauenjahre, wie die Risikoaufschlüsselung der SGGG in Zeile 4 von Tabelle 1 zeigt.

ergibt, dass 93 % der Befragten darunter einen Anstieg um nicht mehr als das Doppelte verstehen.[23] Die Verwendung der Formulierung «leicht erhöht» ist irreführend und widerspricht dem in der Ärzteinformation dargestellten Sachverhalt.

2.2 Sind die Risikoinformationen stabil über die Zeit?

Im Jahr 2012 wurden Patienten- und Fachinformation aktualisiert (Tabelle 1, Zeile 1). Neu stimmen die beiden Informationsblätter weitgehend überein. Es fällt auf, dass ausnahmslos alle Risikoangaben angestiegen sind, der Anstieg beträgt zum Teil das 5- oder sogar 8-Fache. Dass die Anzahl und evtl. auch die Häufigkeit von Nebenwirkungen nach der Markteinführung zunehmen, ist nicht aussergewöhnlich, hingegen erstaunt die starke Zunahme der Basis-Inzidenz bei Schwangerschaft und bei den Nicht-Anwenderinnen. Das könnte auch eine Folge anders erhobener und berechneter Inzidenzen sein. Die gesichtete Literatur gab hierzu jedoch keine weitere Auskunft.

Beim Vergleich mit den Werten der Fachgesellschaft SGGG (Tabelle 1, Zeile 4) fällt auf, dass die unteren Risikoschranken in der Publikation von Bayer durchweg höher angegeben werden. Bei den Nicht-Anwenderinnen gibt Bayer ein Intervall von 4 bis 5 an, die SGGG ein solches von 1 bis 5. Bei schwangeren Personen gibt Bayer ein Intervall von 20 bis 30 an, die SGGG hingegen 8 bis 30. Und bei Kontrazeptiva ohne Drospirenon deklariert Bayer ein Intervall von 8 bis 10, während die SGGG mit 5.5 bis 10 Fällen pro 10'000 Frauenjahre rechnet. Zur Entlastung von Bayer muss angefügt werden, dass die Evidenzlage in der Literatur heterogen ist und dass sich Bayer möglicherweise auf Quellen bezieht, die von uns nicht gefunden werden konnten. In Bezug auf die von uns gesichtete Literatur muss hingegen eine Differenz zwischen den Werten der SGGG und denen von Bayer festgestellt werden, wobei diese Differenz stets dasselbe Vorzeichen aufweist.

---

23 Gefragt wurde, was unter einem leicht erhöhten Risiko zu verstehen sei. Die vier vorgegebenen Antworten wurden wie folgt ausgewählt: 86% wählten «Weniger als das Doppelte», 7%: «Etwa doppelt so hoch», 2%: «Mehr als doppelt so hoch», 5%: «Für mich trifft keiner der oben aufgeführten Fälle zu». Die letzte Gruppe der Antwortenden (mit 5% Anteil) spricht damit das Fehlen einer absoluten Risikoangabe an. N = 43; durchgeführt am 18.02.2015.

Unsere Skepsis bestätigt nun aber Swissmedic, welche diese erstaunlich hohen Werte von Bayer in ihrer jüngsten und rechtsverbindlichen Deklaration wieder nach unten korrigiert (Tabelle 1, Zeile 5).[24]

2.3 Sind die Risikoangaben vollständig?

Wer eine Packungsbeilage oder eine Fachinformation zum Medikament Yasmin liesst, dürfte in erster Linie daran interessiert sein, zu erfahren, wie hoch die Inzidenz der venösen thromboembolischen Ereignisse (VTE) bei Einnahme von Yasmin ist. Erstaunlicherweise fehlt diese Angabe in der Fachinformation von 2012. Zwar wird auf ein möglicherweise doppelt so hohes Risiko hingewiesen, aber welche Inzidenz hier zu verdoppeln wäre, bleibt verborgen. Swissmedic schreibt dazu, die (in Tabelle 1, Zeile 3 aufgeführten) «Inzidenzdaten (8–10/10'000) stammen aus einer prospektiven Kohortenstudie (EURAS) und betreffen alle CHC [alle kombinieren Kontrazeptiva] einschliesslich solcher mit Drospirenon. Gerade diese Studie hatte kein unterschiedliches VTE-Risiko zwischen verschiedenen CHC, inkl. Yasmin, gezeigt. Das erwähnte zweifach erhöhte Risiko wurde von anderen Studien mit anderen Methoden und Vergleichsgruppen abgeleitet. Es ist nicht korrekt, das zweifach erhöhte Risiko auf die Inzidenzrate dieser Studie [gemeint ist die EURAS-Studie] zu übertragen.»[25]

Die simple Verdoppelung der Inzidenz 8 bis 10 ist demnach falsch. Was verdoppelt werden müsste und welche Werte in den nicht näher genannten «anderen Studien» resultieren, bleibt der Leserin der Fachinformation verborgen. Das heisst, trotz Milliardenklagen gegen Bayer in zahlreichen Ländern liess es Swissmedic zu, dass die wichtigste Inzidenz in den Schweizer Patienten- und Fachinformationen bis zum November 2015 fehlte.[26]

—

24 Swissmedic, Kombinierte hormonale Kontrazeptiva (CHC): Das Überprüfungsverfahren aller CHC ist abgeschlossen, 2015; www.swissmedic.ch (30.11.2015), 1–2,2.

25 Swissmedic, Schreiben von Swissmedic an den Autor, 27.08.2015, unpubliziert, 1–4 (3).

26 Neben der bereits diskutierten Klage in der Schweiz wurde 2015 auch in Deutschland eine Schadenersatzklage im Zusammenhang mit dem Medikament Yasmin geführt und in den USA waren zu Beginn des Jahres 2013 13'600 Rechtsfälle zum gleichen Thema gegen die Firma Bayer hängig. Bis zum September 2013 kam es in 7660 Fällen zu aussergerichtlichen Vergleichslösungen. Die bis dahin ausbezahlte Genugtuungssumme beträgt 1'575 Milliarden Dollar (Helga Einecke, Teure Nebenwirkung: Süddeutsche Zeitung, 16.12.15, 20 und Jean François Tanda, Bittere Pille: Handelszeitung, 14.11.2013, 5).

2.4 Ist der Vergleich mit dem Thrombose-Risiko bei Schwangerschaften irreführend?

Bis im November 2015 findet sich in der Patienteninformation von 2012 der Satz: «Insgesamt ist das Risiko für venöse Thromboembolien bei Anwenderinnen von kombinierten Pillen mit niedriger Östrogendosis [...] tiefer als das Risiko während der Schwangerschaft und im Wochenbett.»[27] Ganz grundsätzlich ist der Vergleich mit der Schwangerschaft eher irreführend. Denn es wird ein erhebliches, lang anhaltendes Risiko (bei Einnahme von Yasmin) mit einem höheren, aber viel kürzer auftretenden Risiko verglichen. Betrachten wir dazu 10'000 Frauen während eines Zeitraums von 10 Jahren. Wenn diese Frauen in dieser Zeit je zwei Schwangerschaften durchlaufen und ansonsten keine oralen Verhütungsmittel verwenden, so ist (gemäss Tabelle 1, Zeile 4) bei 20'000 Schwangerschaften mit 16 bis 60 schwangerschaftsbedingten VTE zu rechnen. Dazu kommt das natürliche VTE-Risiko der Nicht-Schwangeren während der verbleibenden 8.4 Jahre.[28] Das sind 17 zusätzliche VTE.

Das Risiko der 10'000 Nicht-Anwenderinnen mit zwei Schwangerschaften beläuft sich auf 33 bis 77 VTE. Sind diese 10'000 Frauen hingegen Yasmin-Anwenderinnen, so ist mit wesentlich mehr, nämlich 90 bis 120 VTE zu rechnen (gemäss Tabelle 1, Zeile 5). Der regelmässige Verweis auf das hohe natürliche VTE-Risiko bei Schwangerschaften, wie er von Swissmedic auch 2016 noch einmal verteidigt worden ist,[29] ist aus der hier diskutierten Optik wenn nicht gerade falsch, so doch hoch problematisch. Die Absicht, die hinter dem gewagten Vergleich mit der Schwangerschaft steht, ist augenfällig: In der überwiegenden Zahl der Fälle trifft die Aussage, Verhütung mit Yasmin führe zu einem geringeren Thromboserisiko als bei Schwangerschaften, nicht zu.

Unser vorläufiges Fazit lautet: In der 2015 gültigen Risikoinformation zum Verhütungsmittel Yasmin wurden zwar die möglichen Nebenwirkungen angesprochen. Beim Vergleich mit der gesichteten Fachliteratur fallen jedoch

---

27 Patienteninformation 2012 (Anm. 11), 3.

28 Zwei Schwangerschaften mit Wochenbett dauern 82 Wochen. Von den 10 Jahren (520 Wochen) verbleiben somit 438 Wochen ohne Schwangerschaft. 438 Wochen entsprechen 8.4 Jahren. Bei einer natürlichen Inzidenz von 2 VTE/Jahr (Tabelle 1, Zeile 5), ergibt das 2 x 8.4 = 17 natürlicherweise zu erwartende VTE.

29 In ihrer Replik beanstandet Swissmedic, 2016 (Anm. 21), 32, dass Beck (ders., Naive Haftpflichtklage oder tragischer Regulierungsfehler: SÄZ 97/2016, 28–31 (30)) nur mit Intervallgrenzen, nicht aber mit ganzen Intervallen argumentiert. Wir konnten hier den Beweis erbringen, dass das Argument auch unter Berücksichtigung von Intervallen stichhaltig bleibt.

systematische Differenzen zwischen den Risiken der Fachliteratur und der von Bayer gemachten Angaben auf.

- Die Untergrenzen der natürlichen Thromboserisiken wurden von Bayer von 2012 bis 2015 deutlich zu hoch angegeben.
- Die Aussage, Schwangerschaft weise ein höheres Risiko auf als die Anwendung von Yasmin, hält einer kritischen Prüfung auf mittlere Frist nicht stand.
- Ein zu hoch ausgewiesenes natürliches Thromboserisiko lässt den Risikozuwachs durch Yasmin zu klein erscheinen. Das verunmöglicht es dem Arzt und der Konsumentin, eine rationale Entscheidung für oder gegen die Einnahme von Yasmin zu fällen. Abgesehen von sehr kurzfristigen Betrachtungen bei älteren Schwangeren trifft das Gegenteil zu.
- Besonders erstaunlich bleibt die Tatsache, dass die Resultate von Studien, welche schon vor Jahren dem Wirkstoff Drospirenon ein höheres Risiko nachweisen konnten, nur andeutungsweise als Verdoppelung einer nicht weiter spezifizierten Inzidenz aufgeführt wurden.

Diese Schlussfolgerungen sind umso erstaunlicher, als die hier diskutierten Dokumente allesamt von der Prüfstelle Swissmedic autorisiert worden sind. Und auch das Bundesgericht geht stillschweigend davon aus, die «Sicherheitserwartung des Patienten in Bezug auf rezeptpflichtige Medikamente»[30] seien erfüllt. Aufgrund unserer Detailanalyse kann diese stillschweigende Annahme jedoch nicht gestützt werden.

2.5 Sind die Risikoinformationen entscheidungsrelevant?

Auch wenn im vorangegangen Abschnitt auf einige Ungereimtheiten in der Darstellung des Thrombose-Risikos sowohl in den älteren als auch in der jüngeren Fach- und Patienteninformation hingewiesen werden konnte, stellt sich dennoch die Frage, ob eine objektivere und dem wissenschaftlichen Erkenntnisstand stärker verpflichtete Information den Entscheid der Konsumentin relevant beeinflussen würde. Wie viele Konsumentinnen sind sich beispielsweise bewusst, dass eine scheinbar geringe Wahrscheinlichkeit von 30 zu 10'000 und die aufschreckende Aussage, «jede 333. Person sei betroffen», mathematisch identisch sind? Die systematische Forschung im Bereich der Ent-

---

30 BGer 2014 (Anm. 7), Ziff. 9.2, 14.

scheidungsfindung bei Unsicherheit weist nach, dass sogar für statistisch geschulte Personen der rational korrekte Umgang mit Wahrscheinlichkeiten eine Herausforderung darstellt.[31]

Wollte man das Entscheidungsproblem so lösen, dass die getroffenen Kaufentscheide möglichst rational ausfallen und damit eine wohlfahrtssteigernde Wirkung zeitigen, so sind die Risikoinformationen auf andere, intuitiv verständliche und finanziell spürbare Art und Weise zu vermitteln.[32]

2.6 Bestehen externe Effekte?

Eine weitere Voraussetzung dafür, dass sich Kaufentscheide wohlfahrtsmaximierend auswirken, ist das Zusammenfallen von Kosten und Nutzen bei der entscheidenden Person. Das scheint auf den ersten Blick gegeben, denn Verhütungsmittel sind nicht Teil der Deckung der sozialen Krankenversicherung, somit trägt die Konsumentin den ganzen Preis des Medikaments.

Sobald Nebenwirkungen auftreten, fallen auch die nichtmonetären Kosten in Form von Schmerz und Leid (primär, wenn auch nicht ausschliesslich) bei der Konsumentin persönlich an. Allerdings werden die Kosten zur Wiederherstellung der Gesundheit oder zur Linderung des Leidens und zur Meisterung einer möglichen Invalidisierung der Allgemeinheit übertragen und durch Kranken- und Invalidenversicherung finanziert. Eine solche Kostenübertragung auf die Allgemeinheit nennt man in der Ökonomie einen negativen externen Effekt.[33] Externe Effekte führen dazu, dass die Allokation von Gütern nicht mehr optimal erfolgt. Auf unseren konkreten Fall angewandt besteht die Gefahr, dass zu gefährliche Kontrazeptiva zu oft nachgefragt werden.

—

31 Amos Tversky/Daniel Kahneman, Judgment under Uncertainty: Heuristics and Biases: Science Vol.185/4157 1974, 1124–1131 (1125f.).

32 Alternativen sind denkbar: So könnten die Schadenswahrscheinlichkeiten grafisch in einer Punkte-Matrix dargestellt werden (Mirta Galesic et al., Using Icon Arrays to Communicate Medical Risks: Overcoming Low Numeracy: Health Psychology 28/2009, 210–216) oder auch systematische, tabellarische Darstellung der Risiken wäre ein signifikanter Fortschritt (Lisa M. Schwartz/Steven Woloshin, The Drug Facts Box. Making Informed Decisions about Precsription Drugs Possible: Gerd Gigerenzer/J. A. Muir Gray (Hg.), Better Doctors, better patients, better decisions, London u. a. 2011, 233–242). Beide Publikationen weisen nach, dass dadurch das Risikoverständnis auch und gerade bei Personen mit geringem Zahlenverständnis deutlich angehoben werden kann.

33 Vgl. Bruno S. Frey, Umweltökonomie, Göttingen 1985, 42–48.

Diese mögliche Allokationsverzerrung wird dadurch abgeschwächt, dass die finanziellen Gesundheitskosten untrennbar mit privaten Kosten (Schmerzen und Leid) einhergehen, so dass eine gut informierte Konsumentin immer ein Interesse hat, beim Kauf eines Verhütungsmittels keine hohen Risiken einzugehen. Da aber der Informationsgrad, wie oben dargestellt, im Fall von Yasmin höchst problematisch ist, bleibt es fraglich, ob beim Kaufentscheid die vorhandenen Risiken genügend Beachtung finden.

3. *Schritte zur Verbesserung der Entscheidungsproblematik*

3.1 Internalisierung des externen Effekts

In den vorangegangenen Abschnitten wurde herausgearbeitet, dass folgende Defizite zu beheben sind, damit bei der Nachfrage nach hormonalen Kontrazeptiva von rationalen und wohlfahrtsmaximierenden Kaufentscheiden ausgegangen werden kann:

- Nicht nur die unmittelbaren Medikamentenkosten, sondern auch die Folgekosten des Kaufentscheids sollten für das nachfragende Subjekt erkennbar sein.
- Die Risikoinformation sollte für die Kosumentin verständlich und relevant sein.
- Sie sollte zudem so gut wie möglich den aktuellen epidemiologischen Forschungsstand wiedergeben.

Die Literatur empfiehlt beim Vorliegen externer Effekte diese zu internalisieren (sofern das politisch möglich ist).[34] Das heisst konkret, dass auf dem Medikamentenpreis ein Zuschlag erhoben werden soll, der die Kosten von Nebenwirkungen zu decken vermag. Dieser Zuschlag erfüllt eine Reihe von Funktionen:

- Er stellt sicher, dass das Risiko erheblicher Nebenwirkungen in den Kaufentscheid einfliesst, weil es nun eine Preiskomponente ist.
- Der Zuschlag übersetzt die abstrakte Risikoinformation in eine einfach verständliche und für die Käuferin spürbare Preisinformation.
- Der Zuschlag liefert auch den Risikovergleich zwischen konkurrierenden Produkten: Produkte mit hohem Risiko weisen höhere Zuschläge aus als Produkte mit geringerem Risiko.

34 Frey 1985 (Anm. 33), 111–112.

- Das mit dem Zuschlag geäufnete Geld finanziert das Risiko der Nebenwirkungen. Damit entlastet er die Sozialversicherungen.

Bedingungen für die Erhebung eines Zuschlags sind Folgende:

- Die Kosten der Nebenwirkungen müssen berechenbar sein.
- Die Kosten müssen erheblich sein und die Folgen der Nebenwirkungen massiv, damit sich der administrative Aufwand lohnt.
- Der Zuschlag muss für die Konsumentin als Preiskomponente erkennbar sein wie beispielsweise die Mehrwertsteuer auf Restaurant-Quittungen.
- Der Zuschlag muss lediglich das zusätzliche Risiko decken. Verdoppelt ein Medikament beispielsweise eine natürlicherweise bereits vorliegende Inzidenz, dann darf der Zuschlag nur die halben Kosten der Nebenwirkung finanzieren. Die andere Hälfte bleibt in der Verantwortung der Sozialversicherer.
- Der Zuschlag muss den effektiv zu erwartenden Kosten der Nebenwirkung entsprechen (Kostenwahrheit).

3.2 Abwicklung der Internalisierung

Mit den Geldern, die der Zuschlag erbringt, wird ein Fonds gespeist. Auf diesen Fonds dürfen die Versicherer zurückgreifen, wenn sie die Nebenwirkungen eines mit Zuschlägen belasteten Medikaments finanzieren müssen. Die Entschädigung aus dem Fonds an die Versicherer erfolgt nach Massgabe des Zusatzrisikos, das dem entsprechenden Medikament zugeordnet wird. Kostenwahrheit entsteht durch periodische Anpassungen: Ist der Fonds chronisch defizitär, lässt sich daraus eine Erhöhung des Zuschlags berechnen. Ist er (über mittlere Sicht) zu grosszügig dotiert, sollte das zu einer entsprechenden Reduktion des Zuschlags führen. Auch die Risikounterschiede konkurrierender Medikamente können mit der Zeit anhand der Unterschiede in der Beanspruchung der Fondsgelder statistisch überprüft werden.

Die so vorgenommene Internalisierung des Thromboserisikos hätte mehrere Wirkungen: Der Anstieg im Preis könnte die Nachfrage nach risikoreichen Medikamenten reduzieren. Das läuft nicht zwingend auf einen vollständigen Verzicht hinaus. Wenn es weniger risikobehaftete Substitute gibt, und bei Yasmin ist das der Fall, werden diese preislich attraktiver, so dass sich die Nachfrage weg von den risikoreichen hin zu den weniger risikobehafteten Produkten verschiebt. Gleichzeitig würden die zusätzlichen Gesundheitskosten hormonaler Kontrazeptiva durch die Konsumentinnen finanziert. Die Sozialversicherungen und damit auch die Allgemeinheit würden entlastet.

Die erste Bedingung aus Abschnitt 3.1 ist jedoch im vorliegenden Fall nicht erfüllt. Jedes Medikament weist zahlreiche und spezifische Nebenwirkungen auf. Die exakte Berechnung der Kosten sämtlicher Nebenwirkungen ist praktisch unmöglich. Liegt aber ein Verdacht auf erhebliche Nebenwirkungen vor (und gestützt auf Anm. 26 kann ein Verdacht beim Produkt Yasmin als gegeben angesehen werden), so lohnt sich auch eine unvollständige Berechnung der Kosten der Nebenwirkung, um beispielsweise die Zulassung des Medikaments im Markt besser beurteilen zu können.

3.3 Eine Berechnung der ungedeckten Folgekosten

Die Berechnung der ungedeckten Folgekosten eines erhöhten Risikos schwerer thromboembolischer Ereignisse pro Anwenderin und Jahr ist im Anhang ausführlich dargestellt. Die Rechnung basiert auf den von Swissmedic publizierten Inzidenzen (Tabelle 1, Zeile 5). Es ist darauf hinzuweisen, dass der Berechnung die von Bayer publizierten und eher hohen natürlichen Inzidenzen zu Grunde gelegt worden sind. Sodann werden immer Mittelwerte (und nicht Maximal-Werte) der Inzidenzen bei Yasmin Anwenderinnen angewandt. Weggelassen wurde sodann die Tatsache, dass bei Neuanwenderinnen das Risiko erhöht sei,[35] weil keine Quanitifizierung des Risikounterschieds gefunden werden konnte. Zahlreiche Kosten konnten jedoch nicht quantifiziert werden: Es fehlen die Kosten der arteriellen Thrombosen, die (geringen) Kosten der nicht invalidisierenden thromboembolischen Ereignisse, die Kosten der Todesfälle,[36] die weder von Kranken- noch Invalidenversicherung gedeckten Kosten sowie die privaten Kosten, d. h. eine monetäre Bewertung von Schmerzen, Autonomieverlust, entgangenen Lebensjahren und der Einbusse an Lebensqualität.

Die so ermittelten und in Tabelle 2 aufgelisteten Werte stellen also eher eine Unter- als eine Überschätzung der tatsächlichen Folgekosten dar.

—

35 Vgl. Abschnitt II.2.1, Satz (iii).

36 Swissmedic zählt seit 1991 15 Todesfälle, die im Zusammenhang mit der Einnahme hormonaler Verhütungsmittel stehen (Daniel Friedli, 15 Todesfälle wegen Verhütungspillen: NZZ am Sonntag vom 08.03.2015, 13).

Präparat mit/ohne Drospirenon	VTE Inzidenz Präparat	Risikozuschlag (in Fr.)	Publikumspreis pro Jahr (in Fr.)	Preis und Zuschlag (in Fr.)
Mit (Yasmin)	9 (min.)	256	243	499
Mit (Yasmin)	12 (max.)	391	243	634
Ohne (Substitut)	5 (min.)	76	180	256
Ohne (Substitut)	7 (max.)	166	180	346

Die Kosten der VTE betragen 2.25 Mio. Fr./Fall, die natürliche VTE-Inzidenz beträgt 2, die Inzidenz bei Schwangerschaft 25. Alle Inzidenzen pro 10'000 (Frauenjahre respektive 10'000 Schwangerschaften); Inzidenzangaben gemäss Swissmedic 2015 (Anm. 24), 2, ausgenommen VTE-Inzidenz bei Schwangerschaft (Bayer 2012 [Anm. 8], 5f.). Preisangaben gemäss mündlicher Auskunft der Bahnhofapotheke Luzern vom 15.01.2016. Die Preise beziehen sich auf zwei Halbjahrespackungen Yasmin (mit Drospirenon) respektive dasselbe Quantum des günstigsten Substituts ohne Drospirenon.

Tab. 2: Preiszuschläge zur Deckung der Kosten venöser Tromboembolien (VTE)

Die berechneten Zuschläge bewegen sich im Bereich von Fr. 76.– bis Fr. 391.– pro Jahr und Anwenderin (Tabelle 2, Spalte 5). Dabei führt der Wirkstoff Drospirenon zu einem Anstieg der Zuschläge um Fr. 180.– bis Fr. 225.–. Während sich die Preise um 35 % unterscheiden, differieren die Risikozuschläge um 136 % respektive 237 %.[37] Der aktuelle Marktpreis ist nicht in der Lage, den Risikounterschied als adäquates Signal der Konsumentin weiterzugeben.

Als Zweites zeigt sich, dass die Preise der Verhütungsmittel zu gering sind. Jede Konsumentin von Yasmin wird zurzeit von der Gesellschaft mit 256 respektive 391 Franken pro Jahr quersubventioniert. Geht man von geschätzten 400'000 Konsumentinnen hormonaler Kontrazeptiva aus[38] und nimmt man an, diese würden sämtliche ausschliesslich Yasmin konsumieren, so bewegte sich diese Quersubvention zwischen 100 und 156 Mio. Franken (jährlich wiederkehrend).

Stossend an der aktuellen Situation ist vor allem, dass bei Verhütungsmitteln mit Drospirenon die verursachten Kosten der Nebenwirkungen grösser

---

37 Verglichen werden jeweils Zeile 2 mit 4 und Zeile 1 mit 3 (Tabelle 2).

38 Schätzung von: Swissmedic, Komb. horm. Kontrazeptiva mit Chlormadinonacetat oder Drospirenen – Streichung des Hinweises auf Vorteile bei Akne, 2015; www.swissmedic.ch (30.11.2015), 1–2 (1).

sind als der Verkaufspreis. Der verursachte Schaden übersteigt den erwirtschafteten Erlös. Diese Feststellung hat weitreichende Konsequenzen.

Die Überwälzung der Nebenwirkungskosten auf die Sozialversicherer ist notwendige Voraussetzung dafür, dass das Produkt überhaupt angeboten wird. Es bedeutet aber auch ganz praktisch, dass die Firma Bayer gar nicht in der Lage ist, den verursachten Schaden zu decken, zumindest nicht aus den direkt erwirtschafteten Mitteln. Die Kosten wären gedeckt, wenn das Produkt zu einem Preis von Fr. 499.– bis Fr. 634.– abgesetzt würde (der Preis könnte auch geringer sein, wenn Bayer gleichzeitig die Gewinnerwartung reduziert, jedoch nicht geringer als der heutige Preis). Ob sich das Produkt unter diesen Bedingungen gegen Substitute durchsetzen könnte, die mit Fr. 250.– bis Fr. 300.– tieferen Preisen im Markt auftreten, ist allerdings fraglich.

Dazu kommt, dass die Produkte mit Drospirenon ihren Marketing-Vorteil einbüssen. Bisher konnten sie nicht nur als Verhütungsmittel, sondern auch als Mittel gegen Akne eingesetzt werden. Neu streicht Swissmedic die Erwähnung dieses Vorteils in der Arzneimittelinformation, «da das belegte Ausmass dieser Vorteile die potenziell lebensbedrohlichen VTE-Risiken nicht aufwiegt.»[39]

Unsere Ergebnisse zeigen, dass auch unter vorsichtigen Annahmen die Internalisierung der Folgekosten einen erheblichen Einfluss auf den Verkaufspreis von Kontrazeptiva hätte und dass das auf die Gesellschaft überwälzte Risiko bei Medikamenten mit Drospirenon grösser ist als der Verkaufspreis dieser Verhütungsmittel.

III. Fazit aus dem Fall Céline P.

Grundsätzlich hat der Soziale Krankenversicherer das Recht und auch die Pflicht, Behandlungsfehler zu beanstanden. Was ihm fehlt, sind die dafür notwendigen Informationen. Er sieht sich gezwungen auf eher grobe, statistische Mustererkennung auszuweichen. Der statistische Blick macht es jedoch schwierig, exakt zwischen zweckmässiger und unzweckmässiger Behandlung zu unterscheiden. Ansonsten gewinnt der Versicherer aber mit seinem statistischen (Über-)Blick einen viel repräsentativeren Eindruck als der einzelne Patient, der nur seinen isolierten Einzelfall sieht.

---

39 Swissmedic, Komb. horm. Kontrazeptiva – aktualisierte und harmonisierte Fach- und Patienteninformation: SÄZ 96/2015 (48), 1761.

Eine Ausnahme stellen diejenigen Einzelfälle dar, in welchen sich eine Patientin aus eigenem Antrieb gegen einen Behandlungsfehler zur Wehr setzt und den Versicherer mit den ihm fehlenden Zusatzinformationen versorgt. Ein prominentes Beispiel war der Fall «Céline contra Yasmin», bei dem eine junge Patientin gegen den Hersteller des Verhütungsmittels Yasmin klagte. Ihrer Argumentation gemäss sei sie vom Hersteller ungenügend auf die Gefahr schwerwiegender Nebenwirkungen aufmerksam gemacht worden. Das Begehren der Klägerin auf Schadenersatz ist inzwischen vom Bundesgericht zurückgewiesen worden. Das Gericht argumentierte, dass sowohl Patientinnen wie auch die Ärzte informiert worden seien und nur die Summe dieser Informationen erheblich sei. Denn der verschreibende Arzt habe eine Aufklärungspflicht. Zudem verstehe er die Risikoinformation besser als die durchschnittliche Patientin.[40]

Das Bundesgericht geht in seiner Argumentation stillschweigend davon aus, dass die Summe der in Patienten- und Fachinformation schriftlich abgegebenen Informationen vollständig und zutreffend sei. Eine genauere Analyse des Falls sowohl aus risikotheoretischer als auch ökonomischer Sicht stellt diesen Sachverhalt in Frage. Wir konnten nachweisen, dass die natürlichen Inzidenzen von Bayer tendenziell zu hoch angegeben wurden, dass der Bezug auf die Inzidenzen bei Schwangerschaft irreführend ist und dass die eigentlich interessierende Inzidenz, die des Produkts Yasmin, weder der Patienten- noch der Fachinformation entnommen werden konnte.

Bei Yasmin handelt es sich um ein Medikament mit schwerwiegenden und teuren Nebenwirkungen. Bezahlt wird dieses Medikament von den Konsumentinnen. Treten die Nebenwirkungen auf, so werden sie weder von der Kundin noch vom Hersteller, sondern vom Sozialversicherer finanziert und damit auf die Allgemeinheit überwälzt. Der Kauf eines Verhütungsmittels kann einen negativen externen Effekt auf die Gesellschaft haben. Tritt das Ereignis sehr selten ein, wie von Bayer, aber auch von der FMH in der jüngsten Stellungnahme betont,[41] so mag das angehen. Eine Kalkulation der Kosten pro Anwenderin zeigt aber, dass die Gesellschaft den Kauf einer Jahrespackung Yasmin-Pillen zum Preis von Fr. 243.– mit Fr. 256.– bis 391.– Risikoübernahme quersubventioniert. Der volkswirtschaftlich korrekte Verkaufspreis käme auf Fr. 499.– bis 634.– pro Jahr zu stehen. Hochgerechnet ergibt das 100 bis 156

—

40 Eine Interpretation, die zumindest bei der FMH auf Befremden stösst (Gert Printzen, Yasmin: kleine Pille – grosse Wirkung: Schweizerische Ärztezeitung 96/2015, 301).

41 Printzen 2009 (Anm. 40), 301.

Mio. Fr. Quersubvention, wenn alle Konsumentinnen hormonaler Kontrazeptiva Yasmin wählen würden. Dieses Risiko ist weder vernachlässigbar noch unvermeidbar, sind doch im Handel weniger risikobehaftete Substitute erhältlich, deren kostendeckende Preise nur etwa halb so hoch wären.

Eine Internalisierung der Kosten von Nebenwirkungen im Verkaufspreis würde die Nachfrage automatisch zu den sichereren Verhütungsmitteln lenken und die Gesellschaft vor vermeidbarem Elend und finanziellem Schaden bewahren. Wird das Risiko als zweckgebundener Zuschlag auf den Verkaufspreis geschlagen, so würde die Frage der Verständlichkeit von Risikoinformationen (wie sie das Bundesgericht in seinem Urteil diskutiert hat)[42] in den Hintergrund treten.

Es bleibt zu vermuten, dass sich Céline, wäre sie im Besitz der hier aufgeführten ausführlichen Risikoinformationen gewesen, für eine andere Form der Verhütung entschieden hätte. Möglicherweise wäre sie damit ihrer schweren Invalidität entgangen.

Es bleibt zu hoffen, dass dieses tragische Einzelschicksal die zuständigen Aufsichtsstellen, allen voran Swissmedic, aufrüttelt, ihre Aufsichtspflicht besser wahrzunehmen und eine zeit- und wahrheitsgemässere Kommunikation von Risikoinformationen einzufordern.

Es bleibt zu wünschen, dass die Idee einer Internalisierung von Nebenwirkungsrisiken mittels Risikosteuern ernsthaft geprüft wird. Eine solche Steuer würde die Risikobelastung der Medikamentenbezüger und die finanzielle Belastung der Allgemeinheit effektiv reduzieren. Es bleibt zu wünschen, dass Produkte, die nachweislich mehr Schaden als Nutzen anrichten, vom Markt genommen werden. Insbesondere bei Yasmin stellt sich diese Frage mit aller Deutlichkeit.

IV. Anhang: Berechnung des externen Effekts von Yasmin

Dieser Anhang beschreibt die Berechnung des Zuschlags zur Internalisierung einer erhöhten Wahrscheinlichkeit venöser thromboembolischer Ereignisse (VTE) bei Anwendung hormonaler Kontrazeptiva. Die Berechnung erfolgt in drei Schritten. Zuerst werden die erwarteten Kosten eines schweren throm-

—

42 BGer 2014 (Anm. 7), Ziffer 9.2, 13f.

boembolischen Ereignisses geschätzt, dann dessen Eintretenswahrscheinlichkeit und anschliessend werden die Kosten mit der Wahrscheinlichkeit gewichtet.

1. *Kosten im Fall eines schweren thromboembolischen Ereignisses*

Ausgangspunkt sind die Kosten von 5 VTE-Patientinnen einer grossen Schweizer Krankenversicherung. Die Betroffenen waren zur Zeit ihrer VTE 16 bis 32 Jahre alt (im Mittel 21). Von diesen 5 konnten die Kosten der obligatorischen Krankenpflegeversicherung von total 21 Behandlungsjahren beobachtet werden. Im Durchschnitt belaufen sich diese auf Fr. 93'746.– pro Jahr. Nur in einem Fall gehen die Kosten nach dem VTE zurück, in der Regel bleiben sie hoch. Wir unterstellen eine reduzierte Restlebenserwartung von 40 Jahren ab VTE und anhaltende Kosten mit 2 % Kostenwachstum. Somit kostet ein durchschnittlicher Fall gesamthaft Fr. 2'250'000 (abdiskontiert mit 5 % Zinssatz). Angesichts der sehr kleinen Stichprobe ist zu befürchten, dass die geschätzten 2,25 Mio. Franken durch einzelne Aussreisser nach oben (oder aber auch nach unten) verzerrt sein könnten. Aus folgenden Gründen ist es dennoch plausibel, von eher unterschätzten als überschätzten Kosten auszugehen:

- In der Berechnung fehlen die Kosten der arteriellen Thrombosen. Diese kämen additiv dazu.
- Es fehlen die (geringen) Kosten der nicht invalidisierenden thromboembolischen Ereignisse.
- Es fehlen die Kosten der Todesfälle.
- Die Berechnung beschränkt sich auf Behandlungskosten der Kranken- und Invaliditätsversicherung. Es fehlen die nicht gedeckten Behandlungskosten (beispielsweise Teile der Pflegheim-Kosten).
- Es fehlen die privaten Kosten, d. h. eine monetäre Bewertung von Schmerzen, Autonomieverlust, entgangenen Lebensjahren und der Einbusse an Lebensqualität.

2. *Wahrscheinlichkeit des VTE bei Schwangerschaft (SWS)*

Zuerst gilt es die Anzahl SWS zu ermitteln. Bekannt sind 82'731 Lebendgeburten im Jahr 2013.[43] Nach Abzug der Mehrlinge ergeben das *81'202 SWS.*

43 BFS (Hg.), Statistisches Jahrbuch der Schweiz 2015, Zürich 2015, 43.

Dazu kommen 10'137 SWS-Abbrüche.[44] Wir nehmen an, dass der Abbruch im Durchschnitt in der 8. Woche erfolgt, was 1/5 einer ordentlichen SWS-Dauer entspricht. Umgerechnet entspricht diese Zahl *2'027 SWS-Äquivalenten* von 9 Monaten Dauer. Wir gehen ferner davon aus, dass zu den 81'202 SWS 25 % Spontanaborte mit einer mittleren Dauer von 8 Wochen dazukommen. Umgerechnet in 9 monatige SWS-Äquivalente ergibt das *4'060*. Das entspricht einem Total von *87'290 SWS-Äquivalent*.[45]

Die Anzahl Frauen im gebärfähigen Alter (16 bis 45), beträgt in der Schweiz *1'563'256* Personen.[46] Zueinander ins Verhältnis gesetzt ergibt das etwa 558'386 SWS auf 10'000 Frauen (im geb. Alter). Ausgangspunkt ist eine (sehr hohe) Inzidenz von 25 VTE pro 10'000 SWS (Tabelle 1, Zeile 3). Nach Abzug der natürlichen Inzidenz von 1'577 VTE/SWS[47] bleiben 23'423 VTE pro SWS-Jahr. Die Häufigkeit einer SWS beträgt 558'386/10'000. Das multipliziert mit den 23'423 VTE ergibt 1'3079 schwangerschaftsbedingte VTE auf 10'000 Frauenjahre.

3. *Berechnung der Zuschläge*

Zur Berechnung des Zuschlags müssen die Gesamtkosten (Abschnitt VI.1) mit ihrer Eintretenswahrscheinlichkeit (Abschnitt VI.2) gewichtet werden.

Wir bezeichnen mit t_{KHK} die Inzidenz bei Anwenderinnen kombinierter Kontrazeptiva (KHK), mit t_N die natürliche Inzidenz eines VTE, mit t_S (= 1.3079) die zusätzliche schwangerschaftsbedingte Inzidenz, mit P_{inv} die Wahrscheinlichkeit eines invalidisierenden postthrombotischen Syndroms (P_{inv} = 0.2)[48] und mit E[K] die erwarteten Kosten eines schweren VTE (E[K] = 2,25 Mio. respektive 1,225 Mio. Fr.). Für t_{KHK} und t_N verwenden wir die Werte von Swissmedic 2015 (Tabelle 1, Zeile 5). Die Formel für die Zuschläge (Z_{KHK}), für die Kosten pro (einzelnes) Frauenjahr des erhöhten Risikos eines bestimmten KHK lautet:

$$Z_{KHK} = P_{inv}\, E[K] \,\{\, t_{KHK} - (t_N + t_S)\,\}$$

—

44 BFS (Hg.), Schwangerschaftsabbrüche in der Schweiz; www.bfs.admin.ch/bfs/portal/de/index/themen/14/02/03/key/03.html (08.04.2015).

45 87'290 = 81'202 + 2'027 + 4'060.

46 Gemeinsame Einrichtung KVG (Hg.), Risikoausgleichsstatistik 2013, ganze Schweiz, Solothurn 2014.

47 2 VTE pro Jahr umgerechnet auf 41 SWS-Wochen ergeben 2/52 x 41 = 1.577 VTE pro SWS.

48 Merki-Feld 2009 (Anm. 9), 1.

Diese Formel angewandt auf die erste Zeile in Tabelle 2 lautet:

$0.2 \times 2.25 \times 10^6$ Fr./VTE x {9 VTE – (2 VTE + 1.3079 VTE)}/10'000 FJ
= Fr. 256.–/Jahr

4. *Anmerkung:*

Der Autor dankt Dr. Lukas Kauer und Dr. Christian Schmid (beide CSS Institut), Prof. Thomas McGuire (Medical School, Harvard), Prof. Dr. Matthias Schwenkglenk (Universität Basel), Roman Stein (CFO CSS Versicherung), Dr. Philippe Widmer (Polynomics), Daniela Herzig und Gabriela Tanner (beide CSS Versicherung) und Swissmedic für kritische Kommentare und hilfreiche Inputs.

Das CSS Institut ist ein von der CSS Gruppe gesponserter Think Tank. Zur CSS Gruppe gehört auch die im Fall Yasmin klagende Intras-Versicherung. Die hier geäusserte Meinung ist die des Autors. Sie deckt sich nicht zwingend mit der Haltung der CSS Gruppe.

Eva-Maria Jordi Ritz

Fehlererfassung und -vermeidung im Organisationskontext

Der *Fehler* beschreibt eine Abweichung von der Normalität und personifiziert die Ursache einer Aktion, die primär falsch ist oder sich im Nachhinein als falsch herausgestellt hat. Dazu ergänzend beschreibt das *kritische Ereignis* eine beabsichtigte oder unbeabsichtigte Aktion, die von einem erwünschten Ergebnis abweicht. Die Wertung der Abweichung kann sowohl negativ als auch positiv sein, das heisst, dass die Aktion einem der daran Beteiligten einen potenziellen oder effektiven Schaden zuführte oder hätte zuführen können. Obwohl sie selten beschrieben wird, ist auch die umgekehrte Situation möglich: Ein in das Ereignis Involvierter zieht einen potenziellen oder effektiven Nutzen. Der Begriff *menschlicher Faktor (Faktor Mensch, Human Factor)* wird dem Begriff *menschliches Fehlverhalten* vorgezogen und bezeichnet den menschliche Einfluss bezüglich psychischer, kognitiver sowie affektiver Faktoren auf soziale sowie auf technische Systeme, respektive den menschlichen Einfluss auf die Schnittstelle Mensch/Maschine und oder Mensch/Mensch. Demzufolge findet auch der Begriff *Fehlerkultur* mit seiner negativen Wertung im folgenden Text keine Anwendung und wird durch die positive Beschreibung *Sicherheitskultur* ersetzt.

I. Hintergrund

«To err is human» ist der Titel eines Reports mit schockierenden Resultaten, der 1999 vom *Institute of Medicine* (IOM) veröffentlicht wurde.[1] Der Mensch wird als wichtiger Risikofaktor in der Patientenbehandlung angesehen. Dieser Artikel gilt in der Patientensicherheit weltweit als Implikator für ein neues Bewusstsein für Risiko und Sicherheit. Die Welt wurde sensibilisiert und der

---

1 Linda T. Kohn/Janet M. Corrigan/Molla S. Donaldson (Hg.), To err is human: building a safer health care system, Washington D. C. 2009.

Meilenstein für eine neue Denkweise von Risiko und Sicherheit war gesetzt. Fehler gehören zur täglichen «Routine» im medizinischen Arbeitsumfeld. Ziel jeder Handlung am Patienten ist, ihm zu helfen. Doch jedes aktive Eingreifen in einen natürlichen Ablauf birgt gleichzeitig die Gefahr des Schadens. Mit dem Akzeptieren der Tatsache, dass menschliches Versagen eine der Hauptursachen darstellt, die zu erhöhter Morbidität und Mortalität führt, anerkennen wir den Bedarf, den Faktor Mensch zu regulieren. Vermeintlich ist es ganz einfach – wenn wir wissen, wo die Ursache liegt, müssen wir sie lediglich ändern. Doch diese Änderung greift tief in unser Bewusstsein, unsere Verhaltensweisen, unser System und letztendlich unsere Sozialisation ein. Das Anerkennen dieses Änderungsbedarfs ist die wesentlichste Entscheidung, doch viele weitere Erkenntnisse müssen folgen: Das Thema Sicherheit und Qualität soll als fester Bestandteil in Aus-, Weiter- und Fortbildung des Medizinalpersonals integriert werden.[2] Eine feste theoretische Basis der Grundbegriffe sowie das Wissen um evidenz-basierte Studien, die den positiven Einfluss veränderter menschlicher Verhaltensweisen auf den Patienten aufzeigen, bilden die Grundlage für die Zukunft einer neuen Sicherheitskultur. Daneben braucht es die ständige praktische Anwendung der Theorie, sei es durch Beobachtungen am Arbeitsplatz, medizinische Simulationen in einer der Realität nachempfundenen «künstlichen» Arbeitsumgebung oder das Reporting und Nachbesprechen kritischer Ereignisse. Alle diese Lehrstrategien sind standardisiert, strukturiert und funktionieren nach dem Kolb-Zyklus: Experimentieren im Simulationslabor oder in der Klinik – Analysieren und Reflektieren der menschlichen Verhaltensweisen und der Systemlücken – Modifizieren der menschlichen Verhaltensweisen und der Systemlücken – Anwenden der Modifikationen auf einem optimierten Handlungsniveau.[3]

Die Medizin wird zusammen mit anderen Arbeitssystemen, beispielsweise der Aviatik, der Schifffahrt oder dem Arbeiten auf Ölplattformen, als besonders riskantes Arbeitsumfeld bezeichnet. Der Luftfahrtpsychologe Flanagan hat 1954 im Bereich der Aviatik erstmals eine neue Technik zur Analyse und Bewältigung kritischer Ereignisse eingeführt.[4] Der Anästhesist gilt gegenüber dem Auftreten kritischer Ereignisse als besonders exponiert. Seine

—

2 M. Rall/E. van Gessel/S. Staender, Education, teaching & training in patient safety: Best Pract Res Anesth 25/2011, 251–262.

3 David A. Kolb, Experiential learning: Experience as the source of learning and development: Anesthesiology 60/1984, 34–42.

4 John C. Flanagan, The critical incident technique: Psychol Bull 51/1954, 327–358.

tägliche Arbeit besteht unter anderem darin, den Patienten in einen «bewusstseinsarmen» und schmerzfreien Zustand zu versetzen und teilweise in die automatisierten Vitalfunktionen des Patienten, wie Atmung und Kreislauf, einzugreifen, sie zu steuern, zu kontrollieren, oder gar gänzlich zu übernehmen. Deshalb griff aus den Reihen der medizinischen Disziplinen die Anästhesiologie als Erste die Analysetechnik der Aviatik 1978 auf. Lücken im System, die ein potenzielles Risiko für das Auftreten von kritischen Ereignissen implizieren, sollen transparent gemacht werden.[5] Die Australische Stiftung für Patientensicherheit hat 1987 eine koordinierte, nationale Erfassung der kritischen Ereignisse gegründet (Australian Patient Safety Foundation = AIMS).[6] 1996 war das Critical Incidents Reporting System aus Basel das erste System der Anästhesiologie, das sich das Internet zu Nutzen machte, um über eine international verfügbare Online-Plattform kritische Ereignisse zu erfassen.[7] Es entstand die Möglichkeit eines gegenseitigen Erfahrungsaustauschs über hohe und häufige, medizinische und vor allem anästhesiologische Risiken. Das Reporting kritischer Ereignisse beschäftigt sich mit der Erfassung und Analyse positiver und negativer Abweichungen von erwarteten Resultaten und trägt essenziell zum Verständnis bei, welche Faktoren zum Entstehen kritischer Ereignisse beitragen, und womit eine Verstärkung positiver Verhaltensweisen erreicht werden kann. Das hauptsächliche Ziel eines Reporting-Systems ist es, aus der Berichterstattung und der Analyse individueller Fälle die Aufmerksamkeit des Medizinalpersonals zu erregen und durch effiziente Massnahmen zukünftig negative Konsequenzen zu minimieren oder auch optimale Prozessabläufe zu verstärken. Wir müssen lernen zu verstehen, welche systemischen, individuellen oder technischen Faktoren zu kritischen Ereignissen prädisponieren. Jeder individuelle Fall führt zu einem generalisierten Nutzen, wenn das bedeutende Lernpotenzial erkannt und aufgearbeitet wird.[8]

—

5 Jeffrey B. Cooper et al., Preventable anesthesia mishaps: a study of human factors: Anesthesiology 49/1978, 399–406.

6 R. K. Webb et al., The Australian incident monitoring study: an analysis of 2000 incident reports: Anesth Intensive Care 21/1993, 520–528.

7 S. Staender et al., The anesthesia critical incident reporting system: an experience based database: Int Jour Med Inf 47/1997, 87–90.

8 James T. Reason, Managing the risks of organizational accidents, Aldershot 1997.

II. Das CIRS am Universitätskinderspital beider Basel (UKBB)

Es ist naheliegend, dass die Arbeit mit kranken Kindern ein zusätzliches Risiko birgt. Kinder-Mediziner, -Chirurgen, -Orthopäden, -Anästhesisten, -Notfall- und -Intensivmediziner sind mit verschiedenen Altersgruppen und unterschiedlichen Medikamentendosierungen und Grössen von medizinischem Material konfrontiert. Sie sind ihren eigenen Emotionen im Umgang mit Kindern und den Gefühlen der Eltern ausgesetzt. 1998 wurde am UKBB das Reporting kritischer Ereignisse eingeführt. Wir begannen mit einem anonymisierten System in Papierform, später erfolgte die Berichterfassung auf einer Online-Plattform. Das CIRS hat sich im UKBB als wichtiger Bestandteil in der täglichen Arbeit mit dem Ziel, die Patienten mit optimaler Qualität und Sicherheit zu behandeln, etabliert. Es wurde hausintern als einer der acht Qualitätsstandards aufgenommen. Jede medizinische Disziplin, Orthopädie, Chirurgie, Radiologie, Anästhesie, Tagesklinik, Poliklinik, Notfallmedizin, Intensivmedizin, Therapien und Labormedizin, hat einen oder mehrere CIRS-Verantwortliche, die online gemeldete Ereignisse lesen und regelmässige Besprechungen der eingegangenen Meldungen organisieren. Die Meldungen werden abteilungsintern analysiert und wenn nötig Behandlungsstrategien eingeleitet, um das Wiederauftreten eines unerwünschten Ereignisses zu verhindern oder Verhalten, das einen positiven Einfluss auf den Behandlungsverlauf eines Patienten hat, systematisch zu stärken. Die Leitung des CIRS-Portals, aus einer Ärztin und zwei Pflegefachpersonen bestehend, ist den abteilungsspezifischen CIRS-Verantwortlichen übergeordnet. Die CIRS-Leitung liest jeden Ereignisbericht und nimmt an den Abteilungsbesprechungen teil. Sie bezieht gegebenenfalls zu den berichteten Fällen aus externer, neutraler Position Stellung, unterstützt die Analyse der das Ereignis verursachenden Faktoren aktiv und hilft bei der Prozessentwicklung zur Optimierung der Organisationsstruktur mit. Die CIRS-Leitung führt zusätzlich ein eigenes Kontrollsystem der Fallanalysen. Falls ein Ereignis konkrete Massnahmen erfordert, werden diese im Kontrollsystem erfasst und die Implementierung der Massnahme sowie deren Effekt kontinuierlich evaluiert.

Im 2014 wurden im UKBB 329 Fälle berichtet. Im Vorjahr waren es noch 291. Das bedeutet eine Zunahme der Fälle um 13 %. Rund die Hälfte der Fälle betreffen die Kommunikation oder Ereignisse im Umgang mit Medikationen. Die Zunahme der Fälle kann unterschiedlich interpretiert werden, einerseits besteht die Möglichkeit, dass tatsächlich mehr Ereignisse geschehen oder dass andererseits die Mitarbeiter des UKBB sensibilisierter reagieren, Risiken erkennen und somit auch darüber berichten. Als letztes kann die Zunahme auch eine Unzufriedenheit der Mitarbeiter bei beispielsweise erhöhter Arbeitsbelastung reflektieren. Welche Möglichkeit zutrifft oder ob eine Kombination von mehreren Gründen die Wahrscheinlichste ist, lässt sich nicht mit Sicherheit sagen. Im persönlichen Gespräch mit Mitarbeitern kristallisierte sich aber erfreulicherweise die positivste Variante heraus, dass unsere Mitarbeiter am Anfang einer veränderten Sicherheitskultur stehen und sensibilisierter auf potenzielle Risiken reagieren. Der Berichtende kann das Ereignis in folgende unterschiedliche Ereigniskategorien sortieren: Medikation, Kommunikation/Information/Dokumentation, Komplikation, Schnittstellen mit anderen Diensten, Material/Technik und Organisation. Unsere Fälle betreffen zu 50 % Medikationen und Kommunikation. Unter Medikation laufen vor allem Fehldosierungen. Ein prominentes Ereignis, das in der Regenbogenpresse Schlagzeilen gemacht hat und zu einem Schadenersatz von 1.5 Millionen Dollar geführt hat, ist der Fall von Dennis Quaids (US-Filmschauspieler) Zwillingen. Die Zwillinge sind zu früh auf die Welt gekommen und hatten beide für die Medikamenten- und Flüssigkeitsgabe einen vaskulären Zugang. Diese sind bei so kleinen Kindern sehr schmalvolumig und müssen deshalb, um ein Verstopfen zu verhindern, gelegentlich mit Heparin gespült werden. Heparin wird für verschiedene Anwendungen, um das Verstopfen von Kathetern zu verhindern oder für die Blutverdünnung in verschiedenen Dosierungen (100 IE/ml oder 5000 IE/ml) angeboten. Zum Spülen von vaskulären Zugängen reicht die niedrige Heparinkonzentration. Da die Ampullen aber ein ähnliches Design haben, kam es zu einer Medikamentenverwechslung und ein Zwilling bekam die hohe Konzentration, die zu einer Komplikation führte. Bezeichnend war die Analyse des Falls. Es könnte angenommen werden, dass die verursachende Pflegefachperson die Konsequenzen aus dem kritischen Ereignis hätte ziehen müssen. Dem war aber nicht so. Hätte man die Pflegefachperson als Verursacherin aus ihrem Arbeitsumfeld entfernt, wäre die eigentliche Ursache, die zu diesem kritischen Ereignis geführt hat, nämlich die Ähnlichkeit der Ampullen, nicht eliminiert worden und das Ereignis könnte sich mithilfe anderer Verursacher immer wiederholen. Die Konsequenz aus diesem Ereignis war, dass die Ampullen mit den verschiedenen Konzentrationen an verschiedenen Orten gelagert werden und sich im Design optisch sichtbar unterscheiden.

Die Meldungen im UKBB führen in 10 % zu Massnahmen, die eine Systemänderung implizieren. Da viele Meldungen die Kommunikation, insbesondere die Übergabe von Patienteninformationen betreffen, wurde ein Projekt für eine standardisierte Patientenübergabe für 2016 geplant. Dieses Projekt umfasst ein Kommunikations- respektive ein Übergabe-Training nach einem bestehenden Modell, das die Informationsübergabe von Patientendaten in schriftlicher und mündlicher Form standardisiert vorgibt. Aus diesen Beispielen ist zu entnehmen, dass ein Meldesystem wesentliche Änderungen in unseren Verhaltensweisen und Organisationsstrukturen implizieren kann, die letztendlich die Sicherheit und Behandlungsqualität für unsere Patienten steigern. Ein CIRS alleine ist nicht ausreichend, um die Patientensicherheit im UKBB zu steigern. Deshalb finden noch andere Lehrstrategien – theoretische Schulungen zum Thema, praktische Algorithmentrainings oder Simulationstrainings – ihre Anwendung zur Steigerung der Patientensicherheit. Simulationstrainings richten, neben dem Algorithmentraining, einen erweiterten Fokus auf die Interaktion von interdisziplinären und multiprofessionellen Teams. Bei Arbeitsplatzbeobachtungen werden Verhaltensrisiken oder Organisationslücken am realen Arbeitsplatz analysiert und nachbesprochen. SOPs (*standardized operational procedures*) sowie Checklisten unterstützen die Standardisierung von spezifischen Abläufen und erhöhen Sicherheit und Behandlungsqualität. Hinter all diesen Möglichkeiten, die Mitarbeiter für Belange der Patientensicherheit zu sensibilisieren und darüber aufzuklären, steht eine Institutionsleitung, die diese Massnahmen unterstützt und die entsprechenden Ressourcen zur Verfügung stellt.

Das UKBB ist mit denselben Schwierigkeiten konfrontiert, die schon anderswo in der Literatur beschrieben werden. Darunter ist sicherlich das Under-Reporting am dominantesten. Mitarbeiter, die in einer sensibilisierten Umgebung agieren, sind sich dessen bewusst, dass jedem Einzelnen von ihnen in der täglichen Routine mehrere kritische Ereignisse pro Tag widerfahren. Diese Sensibilisierung für «riskantes versus sicheres» Handeln ist essenziell und einer der ersten, wichtigen Schritte zu einer gesunden Sicherheitskultur. Die Gefahr besteht, dass sich gegenüber der Sensibilisierung ein Fatalismus breit macht: «Wir machen so viele Fehler, da sind einige mehr egal». Es gibt greifende Massnahmen, dem Fatalismus vorzubeugen und die Mitarbeiter zur Berichterstattung zu motivieren. Vorerst müssen die Meldungen für den Mitarbeiter repressionsfrei analysiert werden, respektive die Analyse der Meldung konzentriert sich alleinig auf die den Zwischenfall unterstützenden Faktoren und Systemlücken. Die eigentliche Person, die das Ereignis verursacht haben soll, ist unwichtig, denn es gilt als Voraussetzung, dass lediglich über Ereignisse berichtet werden soll, die personenunabhängig sind. Jeder Mitarbeiter wird motiviert, Meldungen zu machen, es muss ihm bewusst sein, dass seine Meldung ernst genommen wird und dass er über die spezifischen Konsequenzen, die aus seiner Meldung resultieren, informiert wird. Es ist eine Grundbedingung der Ereignisanalyse, dass sie nach dem

Schweizer-Käse-Prinzip erfolgt.[8] Es wird angenommen, dass mehrere Schwachstellen im System mit einer gewissen Zufallskomponente aufeinandertreffen, wie die Löcher in einem Schweizer Käse, und das Zusammentreffen dieser Schwachstellen zum kritischen Ereignis führt. Mithilfe einer Fallanalyse gilt es nun, gemeinsam die Löcher zu stopfen und damit zukünftige unerwünschte Resultate zu minimieren.

III. Fazit

Das CIRS ist ein kraftvolles Werkzeug, um Schwächen in einem komplexen System aufzuzeigen. Die strukturierten Analysen der zum Ereignis beitragenden Faktoren sind eine unendliche Quelle, die kontinuierlich durch neue Lerninhalte gespeist wird. Eine Arbeitsumgebung, die «fehlerfreundlich» ist, die es erlaubt, dass repressionsfrei über kritische Ereignisse berichtet werden kann, bildet die Grundlage einer veränderten, offenen Sicherheitskultur mit einem enormen Potenzial, die Sicherheit und die Behandlungsqualität für unsere Patienten zu unterstützen.

Cornel Schiess/Settimio Monteverde

Second Victims im Pflegealltag

Überlegungen am Beispiel der Sturzprävention

> «Health care workers who get wrapped up in error an injury, as almost all someday will, get seriously hurt too. And if we're really healers, then we have a job of healing them too.»[1]

Wrapped up – die Metapher des «Verwickelt-Seins» in Don Berwicks Zitat steht für eine Kausalkette, die zwar keineswegs beabsichtigt war, jedoch vermeidbar gewesen *wäre* und mit Blick auf die Folgen hätte vermieden werden *sollen*.[2] Diese Metapher steht für Situationen, die ärztliches, aber auch pflegerisches Handeln in den Kontexten von institutionalisierter Gesundheitsversorgung prägen. Für die psychologischen Folgen sind sowohl direkte als auch indirekte Beteiligungen an Fehlerereignissen bedeutsam:

Martina, eine erfahrene Pflegefachperson, die seit Jahren in einem Betagtenzentrum als Berufsbildnerin arbeitet, wird plötzlich in ein Fehlerereignis involviert: Eine langjährige Bewohnerin mit Verdacht auf ein beginnendes «dementielles Syndrom» darf wegen Sturzgefährdung in Absprache mit den Angehörigen nur mit Hüftprotektoren mobilisiert werden. Sie stürzt auf der Terrasse und bricht sich den Oberschenkelknochen. Der Praktikant Sebastian, für welchen Martina zuständig ist, hatte die Protektoren nicht richtig angebracht. Er meinte nachträglich, die Bewohnerin habe insistiert, weil sie «an die frische Luft» wollte. Martina ging davon aus, dass Sebastian durch die Kollegin am Vortag instruiert worden war, wie die Protektoren anzubringen sind. Dies war aber nicht der Fall. Die Folgen für die Bewohnerin sind erheb-

---

1 Donald Berwick, zitiert in: Charles R. Denham, Trust: The 5 Rights of the Second Victim: J Patient Saf 3/2007, 107–119 (109).

2 Wir bedanken uns ganz herzlich bei Marie-Claire Baumann für die Unterstützung beim Verfassen dieses Buchbeitrags.

lich: Bettlägerigkeit und Folgerisiken durch die Immobilisierung (Muskelabbau, Gefährdung für Pneumonie und Lungenembolie etc.), längere Einnahme von Schmerzmitteln, Anästhesie, Operation und eine längere Phase der Rehabilitation.[3]

Der Begriff *Second Victim* bezeichnet Gesundheitsfachpersonen, die in unerwartete unerwünschte Patientinnen- und Patientenereignisse, in medizinische Fehler und/oder patientenbezogene Verletzungen involviert sind und die daher im Sinne einer Traumatisierung zu zweiten Opfern (*Second Victims*) werden.[4] Neben der Bewohnerin als «First Victim» kennt die Geschichte auch weitere von den Folgen des Ereignisses mitbetroffene *Second Victims*: Zum einen der Praktikant Sebastian, der von Schuldgefühlen geplagt ist, an seiner Eignung für den Pflegeberuf zweifelt und sich im Pflegeteam stark «unter Beobachtung» fühlt. Zum anderen ist es Martina, die Schuldgefühle sowohl gegenüber der Bewohnerin als auch gegenüber Sebastian hegt und von Gefühlen persönlichen Versagens in der Organisation der Alltagsroutine betroffen ist.

Sturzereignisse, also Ereignisse bei denen Betroffene unbeabsichtigt auf dem Boden oder einer tiefer gelegenen Ebene zu liegen kommen, haben erhebliche physische, psychische und soziale Auswirkungen auf die Betroffenen.[5] Sie stehen oft am Beginn einer langanhaltenden Pflegebedürftigkeit, die mit Komplikationen einhergeht und in der Schweiz jährlich zu rund 1'000 Todesfällen führt. Darüber hinaus können solche unerwünschten Ereignisse für involvierte Fachpersonen psychische Reaktionen wie Angst, Schuld und Wut zur Folge haben, aber auch Gefühle der Scham und Erniedrigung auslösen.[6] Gerade Pflegende werden durch die Beteiligung an Fehlerereignissen in ihrer Rolle als Fachperson und in ihrem Verständnis von Pflege als fürsorglicher Praxis verunsichert und hinterfragen ihre Fähigkeit, gute und sichere Pflege

—

3 Die verwendeten Namen sind zur Anonymisierung frei erfunden.

4 Vgl. S. D. Scott et al., The natural history of recovery for the healthcare provider «second victim» after adverse patient events: Quality and Safety in Health Care 18/2009, 325–330.

5 Vgl. Olga Frank et al., Sturzprävention. Orientierungshilfe und Empfehlungen für stationäre Gesundheitsinstitutionen, Einrichtungen der Langzeitbetreuung und Institutionen der primären Gesundheitsversorgung, Stiftung für Patientensicherheit, Zürich 2008.

6 Vgl. David Schwappach et al., Täter als Opfer. Konstruktiver Umgang mit Fehlern in Gesundheitsorganisationen. Empfehlungen für Kader, Kollegen und Betroffene, Patientensicherheit Schweiz, Zürich 2010.

leisten zu können. Besonders schwere Fehlerereignisse, wie etwas solche, die für die Patientin oder den Patienten den Tod oder schwerwiegende physische und psychische Schäden zur Folge haben, sind mit entsprechend heftigen emotionalen Auswirkungen bei Gesundheitsfachpersonen assoziiert.[7]

I. Schaden und Relation von Zweck und Mittel

Dass Medizin und Pflege Schadenspotenziale aufweisen, ist unbestritten und kann mitunter im Rahmen des Heilauftrags nicht restlos verhindert werden. Ethisch relevant ist dabei ein Erklärungszusammenhang, der auf eine Zweck-Mittel-Relation verweist, die dem zugefügten Schaden zugrunde liegt:[8] So kann beispielsweise die Zufügung von Schmerz zwar minimiert, aber im Rahmen einer notwendigen diagnostischen Intervention nicht vermieden werden, wenn sie dazu dient, eine Krankheit auszuschliessen. Dasselbe gilt für eine pflegerische Massnahme, die den Rehabilitationsprozess nach einem chirurgischen Eingriff fördert. Der zugefügte oder in Kauf genommene Schaden macht den Patienten dadurch im wörtlichen Sinne zum «Erduldenden» (von lat. *pati*, leiden, erdulden). Zum *Opfer* wird dieser erst, wenn ein solcher Erklärungszusammenhang nicht erkennbar ist. Das Verbot der Zufügung *vermeidbarer* Schäden ist zudem Kern des im hippokratischen Schrifttum gleichsam dogmatisch festgelegten Gebots des «*primum non nocere*», das Schaden kategorisch ausschliesst, respektive einzig im Rahmen eines hinreichend sicher determinierbaren Patientinnen- und Patientenwohls, und somit in einer akzeptablen Zweck-Mittel-Relation, zulässt zur Geschichte des hippokratischen Nichtschadensgebots).[9] Als sogenanntes «Prinzip mittlerer Reichweite», das für Güterabwägungen durchaus zugänglich ist, erscheint das Nichtschadensgebot als eines von vier Prinzipien der biomedizinischen Ethik

—

7 Vgl. Deborah Seys et al., Supporting involved health care professionals (second victims) following an adverse health event: A literature review: International Journal of Nursing Studies 50/2013, 678–687; Schwappach et al. 2010 (Anm. 6); Reema Sirriyeh et al., Coping with medical error: a systematic review of papers to assess the effects of involvement in medical errors on healthcare professionals' psychological well-being: Quality and Safety in Health Care 19/2010 (6), 1–8.

8 Vgl. Kazem Sadegh-Zadeh, Handbook of analytic philosophy of medicine, Dordrecht: 2012.

9 Vgl. Cedric M. Smith, Origin and uses of primum non nocere-above all, do no harm!: Journal of clinical pharmacology 45/2005, 371–377.

im *common morality*-Ansatz von Tom Beauchamp und James Childress:[10] Dieses hat neben dem Prinzip des Respekts vor der Autonomie, der Fürsorge und der Gerechtigkeit eine sogenannte *prima facie*-Geltung. Letztere läuft wiederum auf die Forderung einer hinreichend sicheren Zweck-Mittel-Relation hinaus. Zu deren Ermittlung erfährt heutzutage, in Abgrenzung zu einem dem hippokratischen Schrifttum zugeschriebenen *doctors know best*, der Respekt vor der Autonomie der Patientinnen und Patienten eine starke Gewichtung. Diese auferlegt der Patientin bzw. dem Patienten aber auch die moralische Pflicht, die Arzt- und Pflegeperson nicht zum «gefangenen Helfer», sondern zum «hilfsbereiten Helfer» zu machen.[11] Das Ausbleiben einer akzeptablen Zweck-Mittel-Relation aber, das bei der Schadensentstehung durch Behandlungsfehler regelmässig der Fall ist, löst eine Kaskade der «Viktimisierung» aus: Die oder der Erduldende (Patientin oder Patient) wird zum *First Victim*, während die beteiligte Fachperson zum *Second Victim* und die beteiligte Institution je nach Schweregrad sogar zum *Third Victim* wird.[12]

II. Das Phänomen *Second Victim* und die Ethik des Systems

Wie aus dem eingangs erwähnten Fallbeispiel ersichtlich, weisen Fehlerereignisse aufgrund der Vermeidbarkeit eines daraus resultierenden Schadens bei den beteiligten Gesundheitsfachpersonen sowohl Kurz- als auch Langzeitfolgen aus.[13] Dazu gehören Burnout oder posttraumatische Belastungsstörungen, die sich sowohl beruflich als auch privat auswirken können.[14] Obwohl sie nicht vorsätzlich geschehen, stellen Fehlerereignisse immer auch Verletzungen elementarer ethischer Orientierungen dar, die Gegenstand der Gesetzgebung, aber auch der Ethik der Heilberufe sind. Solche Orientierungen lassen sich exemplarisch am Begriff der Menschenwürde festmachen: So verankert der Schweizer Berufsverband der Pflegefachfrauen und -fachmänner

---

10 Vgl. Tom L. Beauchamp/James F. Childress, Principles of biomedical ethics, New York [7]2013.

11 Vgl. Heather Draper/Tom Sorell, Patients' responsibilities in medical ethics: *Bioethics* 16/2002, 335–352.

12 Vgl. Seys et al. 2013 (Anm. 7).

13 Vgl. Schwappach et al. 2010 (Anm. 6).

14 Vgl. Seys et al. 2013 (Anm. 7).

die Menschenwürde als Ausgangspunkt ethischer Wahrnehmung, Analyse und Entscheidungsfindung.[15]

Wie die nachfolgenden Ausführungen zum Pflegeprozess am Beispiel von Sturzereignissen verdeutlichen, erfordert die thematische Komplexität aufgrund der verschiedenen Akteure, ihrer Verantwortlichkeiten und Vulnerabilitäten eine ethische Analyse, die auf mehreren Ebenen stattfindet: Zum einen geht es um die «Ethik im System», d. h. um ethische Prinzipien, Entscheidungen und Handlungsempfehlungen, die den Umgang mit *Second Victims* betreffen. Zum anderen geht es aber auch um die «Ethik des Systems», d. h. um das Verstehen von Situationen, die Haltung der Akteure und Institutionen, in denen das Phänomen *Second Victims* entsteht.[16] Die systemische Ebene lässt sich mit einem weiteren Fallbeispiel beleuchten:

Kimberly Hiatt war eine erfahrene klinisch tätige Intensivpflegefachfrau der kardiologischen Intensivstation des Seattle Children's Hospitals.[17] In ihrem 24. Berufsjahr verabreichte sie der damals achtmonatigen Kaia Zautner fälschlicherweise eine Überdosis Calciumchlorid, worauf Kaia verstarb. Gut ein halbes Jahr später ein weiterer Todesfall – Kimberly Hiatt, welche durch die Involvierung in dieses Fehlerereignis Belastung und Traumatisierung erfuhr, beging als *Second Victim* Suizid.

Typischerweise fühlen sich Betroffene als *Second Victims* häufig persönlich für das Patientinnen- bzw. Patientenergebnis verantwortlich, sie fühlen sich den *First Victims* gegenüber als Versager und zweifeln sowohl an ihren klinischen Fähigkeiten als auch an ihrer Wissensgrundlage.[18] Obwohl das Beispiel

—

15 Vgl. Schweizer Berufsverband der Pflegefachfrauen und Pflegefachmänner (SBK) (Hg.), Ethik in der Pflegepraxis, Bern 2013; Settimio Monteverde, Die Versprachlichung verletzter Würde. Perspektiven für den Ethikunterricht in der Pflegeausbildung: Torsten Meireis (Hg.), Das Konzept der Würde im vierten Lebensalter, Zürich 2013, 137–150.

16 Vgl. Settimio Monteverde/Cornel Schiess, Die Unterstützung von «Second Victims» als «ethische Angelegenheit»: Entwicklung eines konzeptuellen Bezugsrahmens: Zeitschrift für Evidenz, Fortbildung und Qualität im Gesundheitswesen (im Erscheinen).

17 Vgl. Alesccia JoNel, Nurse's suicide highlights twin tragedies of medical errors. Kimberly Hiatt killed herself after overdosing a baby, revealing the anguish of caregivers who make mistakes: NBSNEWS.com, 27.06.2011; www.nbcnews. com/id/ 43529641/ns/health-health_care/t/nurses-suicide-highlights-twin-tragedies-medical-errors/#.VhpSytbZW-g.

18 Vgl. Scott et al. 2009 (Anm. 4).

von Kimberly Hiatt intuitiv als Einzelfall interpretiert wird, geht man in den USA von einer *Second Victim*-Prävalenz von 10.4 bis 46 % aus.[19] Expertinnen und Experten rechnen sogar damit, dass «nahezu jede junge Frau und jeder junge Mann, die heute die klinische oder pflegerische Tätigkeit beginnen, mit grösster Wahrscheinlichkeit eines Tages in einen ernsten Fehler verwickelt sein werden und vermutlich starke emotionale Reaktionen erleben».[20] Im Folgenden wird der Zusammenhang zwischen klinischem Risikomanagement und Ethik im Pflegeprozess anhand von Sturzereignissen kontextualisiert. Dieser thematische Fokus auf pflegespezifische, aber dennoch interprofessionell anzugehende Sturzereignisse ist nicht nur durch die hohe Häufigkeit und Relevanz hinsichtlich Morbidität und Mortalität begründet, sondern zusätzlich durch weitere Aspekte:[21]

- Wie das Beispiel von Kimberly Hiatt zeigte, dominiert in der Auseinandersetzung mit Fehlerereignissen in der Pflege ein medizinisches Interventionsmodell, in dem es um die Ausführung angeordneter diagnostischer und therapeutischer Massnahmen geht, wie beispielsweise eine sichere Medikamentenverabreichung. Im Gegensatz dazu weisen Sturzereignisse auf einen eigenständigen pflegerischen Aufgaben-, Verantwortungs- und Kompetenzbereich hin, der für verschiedene Versorgungssettings relevant ist.
- Eine Querschnittstudie konnte zudem settingspezifische Unterschiede im Erleben von Fehlerfolgen durch Pflegende aufzeigen.[22] Diesen Autorinnen und Autoren zufolge gibt es Hinweise, dass Pflegende in Spitälern häufiger psychische Konsequenzen erleben, während Pflegende in Langzeitpflegesettings häufiger rechtlich belangt werden. Diese Hinweise erklären sich die Autorinnen und Autoren mit einer möglicherweise unterschiedlichen Erwartungshaltung an die eigene Arbeit. In Ergänzung dazu ist denkbar, dass sich Fehler in der Langzeitpflege oft weniger schnell manifestieren und erst ihre

—

19 Vgl. Seys et al. 2013 (Anm. 7).

20 Vgl. Schwappach et al. 2010 (Anm. 6), 33.

21 Vgl. Frank et al. 2008 (Anm. 5).

22 Henning Cramer/Ronja Foraita/Monika Habermann, Pflegefehler und die Folgen. Ergebnisse einer Befragung von Pflegenden in stationären Versorgungseinrichtungen: Pflege 25/2012, 245–259.

Spätfolgen aufgedeckt werden, so z. B. ein Sturzereignis aufgrund einer längeren Phase der vernachlässigten Mobilisation von Bewohnenden bei anhaltendem Personalmangel.

- Schliesslich besteht gerade im Pflegebereich eine zunehmende Dichte an Aufgaben mit zunehmender Komplexität, die das Spannungsfeld zwischen Gesundheit und Ökonomie, insbesondere die Logik des «Homo ethicus» gegenüber derjenigen des «Homo oeconomicus»[23] auch innerhalb der Profession Pflege verschärfen. Sie zeigen die besonderen Herausforderungen, denen sich Pflegefachpersonen in der Erbringung einer sicheren, wirksamen, zweckmässigen und wirtschaftlichen Pflege stellen.[24]

III. Pflegerisches Handeln als menschlich fehlbares Handeln

Die Erörterung pflegerischer Verantwortung im Kontext der Fehlerentstehung und -vermeidung bedarf zunächst einer Klärung dessen, was unter professioneller Pflege zu verstehen ist. Hilfreich dafür ist die Definition, wie sie durch das Institut für Pflegewissenschaft der Universität Basel formuliert wurde:[25]

Professionelle Pflege fördert und erhält Gesundheit, beugt gesundheitlichen Schäden vor und unterstützt Menschen in der Behandlung und im Umgang mit Auswirkungen von Krankheiten und deren Therapien. Dies mit dem Ziel, für betreute Menschen die bestmöglichen Behandlungs- und Betreuungsergebnisse sowie die bestmögliche Lebensqualität in allen Phasen des Lebens bis zum Tod zu erreichen.

Die Reichweite dieser Definition weist bereits auf die Vielschichtigkeit und Vulnerabilität von Pflegefachpersonen in Zusammenhang mit der Entstehung von Pflegefehlern hin. Einerseits bilden Pflegende, einschliesslich

---

23 Vgl. Julian Nida-Rümelin, Homo oeconomicus versus homo ethicus. Über das Verhältnis zweier Grundorientierungen menschlicher Existenz: Wilhelm Vossenkuhl et al. (Hg.), Ecce Homo! Menschenbild – Menschenbilder, Stuttgart 2009, 49–65.

24 Angelehnt an Bundesversammlung der Schweizerischen Eidgenossenschaft, Bundesgesetz über die Krankenversicherung, KVG vom 18.03.1994 (01.01.2015), 1–66.

25 Elisabeth Spichiger et al., Professionelle Pflege-Entwicklung und Inhalte einer Definition: Pflege 19/2006, 45–51 (51).

Lernende und Studierende der Pflegeberufe,[26] die grösste Gruppe der Fachpersonen im Gesundheitswesen, die durch ihr breites und direkt an Patientinnen und Patienten ausgerichtetes Tätigkeitsspektrum in besonderem Masse dem Risiko einer Fehlerbeteiligung ausgesetzt ist. Andererseits öffnet das Kernelement der obengenannten Definition von professioneller Pflege, «gesundheitlichen Schäden vorzubeugen» und «eine bestmögliche Lebensqualität zu erreichen», durch die Ausweitung des Raumes pflegerischen Wirkens ein grosses Spektrum potenziell fehlbaren Handelns im Pflegealltag.

Die menschliche Fehlbarkeit lässt sich am besten mit der Metapher des Eisbergs verstehen: Oft bleibt die Auseinandersetzung mit Fehlerereignissen nur an der Oberfläche, geht aber nicht in die Tiefe, d. h. tangiert die komplexen, auf der systemischen Ebene der Fehlerentstehung wirkenden Mechanismen nicht. Grundlegend für eine vertiefte Auseinandersetzung mit menschlicher Fehlbarkeit ist zunächst das Verständnis zentraler Begriffe:[27]

- *Fehler* sind definiert als zwar richtige Vorhaben, die jedoch nicht wie geplant durchgeführt werden, oder denen ein falscher Plan zugrunde liegt.
- Ebenfalls bezüglich möglicher Schäden neutral formuliert, beschreiben *unerwünschte Ereignisse* Vorkommnisse, die Patientinnen und Patienten schädigen können, aber dies nicht zwangsläufig tun.
- Von einem *kritischen Zwischenfall* (oder Beinahe-Fehler) ist dann die Rede, wenn durch rechtzeitiges Erkennen ein tatsächlicher Fehler vermieden werden konnte und es daher nicht zu unerwünschten Folgen kam.

Ein klassisches Beispiel zur nicht tiefgehenden Auseinandersetzung mit der menschlichen Fehlbarkeit aus der klinischen Praxis ist das möglichst schnelle Abarbeiten einer Meldung eines kritischen Zwischenfalls. Weil es in klinischen Settings oft an spezifischem Wissen fehlt, werden kritische Zwischenfälle häufig wenig differenziert beschrieben. Die Konsequenzen hiervon sind zweifach negativ:

—

26 Vgl. Albert W. Wu/Rachel Steckelberg, Medical error, incident investigation and the second victim: doing better but feeling worse?: British Medical Journal Quality & Safety 21/2012 (4), 1–4.

27 Zum Folgenden vgl. Elke Holzer et al. (Hg.), Patientensicherheit. Leitfaden für den Umgang mit Risiken im Gesundheitswesen, Wien 2005.

- Erstens erschweren wenig differenzierte Meldungen kritischer Zwischenfälle durch Informationsverlust die systematische Ereignisanalyse. Dadurch werden Chancen der Systemverbesserung nicht möglich oder, wo sie dennoch erfolgen, kaum wahrgenommen.
- Zweitens sinkt an der Basis der Mitarbeitenden die Meldebereitschaft, was gravierende Folgen für die Patientensicherheit haben kann.

In Institutionen, die kein systemisches Risikomanagement implementiert haben, tritt erschwerend hinzu, dass gravierende Fehlerereignisse auf haftpflichts- und strafrechtliche Dimensionen reduziert werden. Aufgrund einer fehlenden Kultur im Umgang mit Fehlern (Sicherheitskultur), vor allem aber aufgrund fehlenden Wissens über die reziproken Zusammenhänge zwischen Fehlerbeteiligung, Belastungsreaktionen und erneuter Gefährdung der Patientensicherheit,[28] wird das Erleben der in Fehlerereignisse involvierten Gesundheitsfachpersonen gar nicht thematisiert. *Second Victims* fühlen sich dadurch einerseits nicht adäquat unterstützt,[29] andererseits laufen Institutionen Gefahr, wegen nicht wahrgenommener Belastungserfahrungen von *Second Victims* neue Sicherheitsrisiken zu übersehen. Ausgehend von den oben aufgeführten reziproken Zusammenhängen sind deshalb auch *Second Victims* als Risiko beschrieben worden, weil sie durch Belastung und Traumatisierung aufgrund der Fehlerbeteiligung massgeblich in ihrer Leistungsfähigkeit eingeschränkt sind.[30] Auf gesellschaftlicher Ebene üben mediale Berichterstattungen einen grossen Einfluss auf die Wahrnehmung aus. Schlagzeilen zu populär gewordenen Fehlerereignissen im Gesundheitswesen sind gute Beispiele für eine Reduktion der Komplexität von Mechanismen, die zur Fehlerentstehung führen. Dies führt zu einem Dualismus von richtig und falsch, der auch in der Lehre seine Fortsetzung findet[31] und zu einer «Ideologie der Unfehlbarkeit» führt.[32] Diese kategorische Exklusion von Fehlbarkeit wiede-

—

28 Vgl. Nicoletta von Laue et al., «Second Victim» – Umgang mit der Krise nach dem Fehler: Therapeutische Umschau 69/2012, 367–370.

29 Vgl. Schwappach et al. 2010 (Anm. 6); Seys et al. 2013 (Anm. 7); Erica J. Lewis/Marianne Baernholdt/Ann B. Hamric, Nurses' experience of medical errors. An integrative literature review: Journal of Nursing Care Quality 28/2013, 153–161.

30 Vgl. Seys et al. 2013 (Anm. 7).

31 Vgl. Schwappach et al. 2010 (Anm. 6).

32 Sirriyeh et al. 2010 (Anm. 7).

rum mündet oft in einen Maximalkatalog an Erwartungen hinsichtlich umfassender und sicherer Pflege, Behandlung und Betreuung. Genau dieser Erwartungshorizont aber ist es, der sich wiederum auf den professionellen Umgang mit Fehlerereignissen auswirkt. Kontrastiert wird diese Haltung durch die Literatur, aus welcher hervorgeht, dass sich die Ereignisoffenlegung gegenüber *First Victims* positiv auf emotionalen Stress auswirkt und die Wahrscheinlichkeit weiterer Fehlerereignisse reduzieren kann.[33]

IV. Vom personen- zum systemorientierten Ansatz

Betrachtet man Initiativen im Umgang mit der menschlichen Fehlbarkeit im Gesundheitswesen im geschichtlichen Kontext, stellt man fest, dass Entwicklungen im Bereich der Patientensicherheit oft auf tragischen Fehlerereignissen gründen. Beispielsweise machten die prominent gewordenen Todesfälle von Betsy Lehmann und Ben Kolb auf die Patientensicherheit aus Perspektive der *First Victims* aufmerksam, während der tragische Fall von Kimberly Hiatt international für das Phänomen *Second Victim* sensibilisierte. Betsy Lehmann verstarb 39-jährig an den Folgen einer massiv überdosierten Hochdosis-Chemotherapie, der achtjährige Ben Kolb erlitt aufgrund einer Medikamentenverwechslung im Rahmen eines kleinen chirurgischen Eingriffs einen letalen Herzstillstand.[34] Wie aus dem berühmten Bericht «To err is human» des US-amerikanischen Institutes of Medicine hervorgeht, sind unerwünschte Ereignisse von der Prävalenz her weitaus häufiger als die in den Medien breit diskutierten tragischen Einzelschicksale. In den zwei untersuchten amerikanischen Populationen ereigneten sich unerwünschte Ereignisse in 2.9 bzw. 3.7 % aller Hospitalisationen, wovon mindestens 50 % als vermeidbar eingestuft wurden. Da in diesen Studien 6.6 bzw. 13.6 % aller unerwünschten Ereignisse letal verliefen, rechnet man in den USA jährlich mit 44'000 bis 98'000 fehlerbedingten Todesfällen im Gesundheitswesen. Damit stehen fehlerbedingte Todesfälle in den USA an achter Stelle in der Todesursachenstatistik. Finanziell belasten vermeidbare Kosten zwischen 17 und 29 Milliarden USD das

---

33 Vgl. Jawahar Kalra/Natasha Kalra/Nick Baniak, Medical error, disclosure and patient safety: A global view of quality care: Clinical Biochemistry 46/2013, 1161–1169; Seys et al. 2013 (Anm. 7).

34 Zum Folgenden vgl. Linda T. Kohn/Janet M. Corrigan/Molla S. Donaldson, To err is human: building a safer health system, Washington/DC 2000.

amerikanische Gesundheitswesen. Auch in der Schweiz, wo Schätzungen zufolge jährlich 700 bis 1'700 Menschen an Fehlerfolgen im Gesundheitswesen versterben,[35] verursachen Hospitalisationen aufgrund von unerwünschten Ereignissen einen hohen Kostenanteil; beispielsweise waren Schätzungen zufolge schon vor der Jahrtausendwende bis zu 97 Millionen CHF der Schweizerischen Gesundheitsausgaben durch unnötige oder unkorrekte Therapien bedingt.[36]

James Reason, ein englischer Psychologe, veranschaulicht im Schweizer-Käse-Modell, dass hochtechnisierte Systeme, zu denen auch Gesundheitsinstitutionen gehören, über mehrere Abwehrsysteme (Käsescheiben) verfügen, um zahlreiche Risiken und unerwünschte (Schadens-)Ereignisse zu verhindern.[37]

Die Löcher in den Käsescheiben (Abwehrsystemen) verdeutlichen Schwächen als aktive Fehler oder latente Schwächen im System, die überwiegend durch ein systemisches Zusammenspiel bis hin zu einem unerwünschten (Schadens-)Ereignis, wie einem Sturz, führen können. Zu den meist nur kurzzeitig vorkommenden aktiven Fehlern gehören beispielsweise Ausrutscher. Ihnen gegenüber stehen länger anhaltende latente Schwächen im System, die etwa in übergeordneten Entscheidungen begründet sind und möglicherweise jahrelang bestehen, bevor sie in Kombination mit einem aktiven Fehler zu einem unerwünschten (Schadens-)Ereignis führen. Während aktive Fehler kaum vorhersehbar sind, kann latenten Systemschwächen mittels proaktivem Risikomanagement entgegengewirkt werden. Hierzu sind im deutschsprachigen Raum Critical-Incident-Reporting-Systeme weit verbreitet. CIR-Systeme dienen nicht nur der Organisations- und Prozessentwicklung, sondern leisten ebenso einen Beitrag in der Entwicklung einer Sicherheitskultur.[38] Der damit angedeutete Paradigmenwechsel von einem mit der «name-shame-blame-Kultur» einhergehenden reaktiven Risikomanagement hin zu einem proaktiv ausgerichteten Risikomanagement mit einer Sicherheitskultur kommt in einem treffenden Zitat von Reason zum Ausdruck und leitet über zu Zugängen

—

35 Vgl. Patientensicherheit Schweiz; www.patientensicherheit.ch/de/ueber-uns/Patientensicherheit.html (24.01.2017).

36 Valentino Lepori/Andreas Perren/Claudio Marone, Unerwünschte internmedizinische Arzneimittelwirkungen bei Spitaleintritt: Schweizerische medizinische Wochenschrift 129/1999, 915–922.

37 Vgl. James Reason, Human error: models and management: *British Medical Journal* 18/2000 (320), 768–770.

38 Vgl. Norbert Rose, St.Galler CIRS. Klinisches Risikomanagement, St. Gallen 2013.

zu menschlicher Fehlbarkeit: «We cannot change the human condition, but we can change the conditions under which humans work.»[39]

Während das Schweizer-Käse-Modell gezeigt hat, dass komplex verkettete Zusammenhänge zwischen aktiven Fehlern und latenten Abwehrschwächen unerwünschte klinische (Schadens-)Ereignisse erklären können, basieren die von Reason mit als «person approach» und «system approach» bezeichneten Zugänge zur menschlichen Fehlbarkeit auf dem gleichen Paradigmenwechsel wie die im vorangehenden Abschnitt beschriebene Kulturfrage (naming-shaming-blaming- vs. Sicherheitskultur). Mit der Darstellung der Zugangspole für menschliche Fehlbarkeit über die Person oder das System hat Reason in Kombination mit dem Schweizer-Käse-Modell nicht nur die systemische Perspektive in die (Schadens-)Ereignisentstehung gebracht, sondern mit dem «system approach» auch Grundlagen für die systemische und damit ethische Perspektive im Umgang mit Fehlern geschaffen. Zudem stellte Reason den derzeit in der Kritik stehenden «person approach» in Frage, der unsichere Handlungen, Fehler und Gefahren beispielsweise in mentalen Prozessen, wie Vergesslichkeit, begründet sieht. Wie aber das Schweizer-Käse-Modell von Reason verdeutlicht, wird der Ansatz der Komplexität der systemischen (Schadens-)Ereignisentstehung nicht gerecht, falls wie häufig zusätzlich zu aktiven individuellen Fehlern systemische Abwehrsysteme zentral sind.

Die zwei beschriebenen Zugangspole für menschliche Fehlbarkeit, «person approach» und «system approach», sind damit nicht nur in Bezug auf die Haltung von klinisch tätigen Einzelpersonen gegenüber dem klinischen Risikomanagement, sondern im Hinblick auf einen adäquaten Umgang mit *Second Victims* auch aus organisatorischer Perspektive zentral.

V. *Second Victims* und der Pflegeprozess

Wie das eingangs erwähnte Fallbeispiel zeigt, weist der Pflegealltag bezüglich des Phänomens *Second Victims* gerade in Zusammenhang mit Sturzereignissen eine besondere Risikoexposition für Pflegende auf. Dieser Abschnitt führt am Beispiel von Sturzereignissen in den Pflegeprozess ein, führt zu jedem Schritt des Pflegeprozesses ausgewählte Fehlermöglichkeiten auf und setzt

---

39 Reason 2000 (Anm. 37), 769.

diese in Bezug mit dem Phänomen *Second Victim*. Dabei basieren die Ausführungen zur Sturzthematik auf einer von Expertinnen und Experten anhand wissenschaftlicher Literatur und international anerkannter Guidelines entwickelten Schriftenreihe, die von der Stiftung Patientensicherheit Schweiz in Kooperation mit dem Institut für Pflegewissenschaft der Universität Basel herausgegeben wurde.[40]

Der Pflegeprozess besteht aus Assessment, Diagnostik, Planung, Implementierung, Durchführung und Evaluation und gliedert diesen Abschnitt entsprechend.[41] Er ist die wissenschaftliche Grundlage und Struktur, die professionell Pflegende systematisch darin unterstützt, patientenbezogene Probleme und Ressourcen zu erkennen und pflegerisch zu handeln, um Probleme zu lösen oder zu lindern.

1. *Assessment*

Der erste und aufgrund der Prozesshaftigkeit sehr zentrale Schritt des Pflegeprozesses ist das in Zusammenhang mit der Evaluation immer wiederkehrende Assessment. Dabei sammeln Pflegefachpersonen mittels Eintrittsgespräch, Pflegeanamnese und körperlicher Untersuchung systematisch subjektive und objektive Daten zu möglichen Gesundheitsproblemen, Ressourcen und Fähigkeiten. Ziel ist es, Probleme zu identifizieren. In Bezug auf Sturzereignisse gehört zum Assessment zuerst die Risikoerkennung bzw. das Screening von evidenzbasierten intrinsischen und extrinsischen Risikofaktoren mit dem Ziel, Patientinnen und Patienten mit erhöhtem Sturzrisiko zu identifizieren.[42] Zu den intrinsischen Risikofaktoren zählen beispielsweise verminderte muskuläre Leistungsfähigkeit der unteren Extremität, akute Harnwegsinfektionen oder Polypharmazie, während schlechte Lichtverhältnisse, freiheitsbeschränkende Massnahmen oder falsch eingesetzte Gehhilfen die Beispiele für extrinsische Risikofaktoren sind. Für diese Risikoerkennung bzw. das Screening gibt es verschiedene Instrumente, wie der Geh- und Sprechtest, der *Timed-up-and-go*-Test oder die *Morse Fall Scale*, die auch im anschliessend weiterführenden (geriatrischen) Assessment Anwendung finden. Um medizinische, funktionelle und psychosoziale Probleme und Ressourcen

—

40 Vgl. Frank et al. 2008 (Anm. 5).

41 Vgl. Ruth A. Brobst et al., Der Pflegeprozess in der Praxis, Bern ²2007.

42 Vgl. Frank et al. 2008 (Anm. 5).

erfassen zu können, sollte multidimensional vorgegangen und das Assessment als integraler Bestandteil der klinischen Urteilsbildung betrachtet werden.

In Zusammenhang mit dem Phänomen *Second Victim* ist relevant, dass involvierte Gesundheitsfachpersonen, die ein Sturzrisiko verkannt haben, durch die Konfrontation mit Auswirkungen auf die «First Victims», die zum Beispiel von einer Schenkelhalsfraktur oder einer Hirnblutung betroffen sind, zum *Second Victim* werden können.

2. *Diagnostik*

Basierend auf analysierten Assessmentdaten stellen und formulieren Pflegefachpersonen Pflegediagnosen;[43] beispielsweise die (Risiko-)Pflegediagnose «Sturzgefahr».[44] Die weltweit angesehene American Nursing Diagnosis Association versteht eine Pflegediagnose als Resultat einer klinisch beurteilten Reaktion eines Individuums auf ein aktuelles oder potenzielles Gesundheitsproblem.[45]

In Zusammenhang mit dem Phänomen *Second Victim* wird deutlich, dass meist im Assessment begründete diagnostische Fehler aufgrund ihrer Konsequenzen, insbesondere bei Planung, Implementation und Umsetzung, deutliche Folgen für sowohl *First Victims* als auch *Second Victims* haben können.

3. *Planung*

Bei der Planung der Pflegeinterventionen werden zum einen individuelle patientenbezogene Zielkriterien definiert und zum anderen wird ein konkreter Interventionsplan erstellt. Ziele in Zusammenhang mit der (Risiko-)Pflegediagnose «Sturzgefahr» fokussieren sowohl die Inzidenz von Sturzereignissen per se als auch beispielsweise sturzbedingte Verletzungen oder die Sturzangst.[46] Wie in der Literatur empfohlen und in Guidelines verankert, bestätigt die klinisch praktische Erfahrung, dass multifaktorielle Interventionen, die massgeschneidert individuelle Risikofaktoren adressieren, am wirksamsten sind. Pflegefachpersonen sollen im Rahmen der angestrebten und gesetzlich

—

43 Vgl. Brobst et al. 2007 (Anm. 41).

44 NANDA International (Hg.), Pflegediagnosen. Definitionen und Klassifikation 2009–2011, Kassel 2010.

45 Vgl. Brobst et al. 2007 (Anm. 41).

46 Vgl. Frank et al. 2008 (Anm. 5).

verpflichtenden evidenzbasierten Pflege[47] pflegewissenschaftliche Erkenntnisse berücksichtigen, beispielsweise zur Wirksamkeit von Interventionen. Ergänzend lassen sie ihre Erfahrungen, die Anliegen der Patientinnen und Patienten sowie den aktuellen Kontext in die Pflege einfliessen.[48]

In Zusammenhang mit dem Phänomen *Second Victim* wird deutlich, dass Fehler einerseits bei der Auswahl geeigneter Interventionen zur Sturzprävention möglich sind und andererseits auch im Umfeld integrativer Entlassungsplanungen auftreten können. Ein klassisches Beispiel einer häufig nicht geeigneten Intervention zur Sturzprävention ist der Einsatz von freiheitsbeschränkenden Massnahmen wie Bettgitter. Solche freiheitsbeschränkenden Massnahmen, die in der von Frank[49] zitierten Literatur als evidenzbasierte Sturzrisikofaktoren gelten, sind daher häufig kontraindiziert. Zudem liegen in der fehlenden Berücksichtigung oder kritischen Bewertung externer Evidenz im Sinne wissenschaftlicher Erkenntnisse weitere Fehlerquellen sowie ethisches Konfliktpotenzial. Ein solches zeigt sich, wenn wirksame Interventionen unterlassen und schädliche Interventionen aufgrund von Unwissen geplant werden. Im Kontext der Sturzprävention ist hinsichtlich integrativer Versorgung ein besonderer Fokus auf Schnittstellen zu legen. Versäumnisse, wie ein nicht organisiertes häusliches Sturzrisikoassessment trotz eindeutiger Hinweise im Assessment, können dazu führen, dass verantwortliche Pflegefachpersonen zu *Second Victims* werden. Das ereignet sich dann, wenn eine Patientin oder ein Patient folglich mit dramatischen sturzbedingten Verletzungen rehospitalisiert werden muss und daher von lebenslänglicher Pflegeabhängigkeit betroffen wird oder gar an Komplikationen verstirbt.

4. *Implementierung und Umsetzung*

In diesem Prozessschritt wird die sorgfältig und idealerweise evidenzbasiert geplante Pflege praktisch implementiert und umgesetzt.[50] Hierzu gehören beispielsweise Interventionen zur Verbesserung der Mobilität.[51] Besonders in diesem Schritt des Pflegeprozesses ist es im Rahmen veränderter Skill- und Grade-Mixes und im Spannungsfeld zwischen ethischen und ökonomischen

---

47 Bundesversammlung 1994 (Anm. 24).

48 Johann Behrens/Gero Langer, Evidence-based Nursing and Caring. Methoden und Ethik der Pflegepraxis und Versorgungsforschung, Bern ^{3}2010.

49 Vgl. Frank et al. 2008 (Anm. 5).

50 Vgl. Brobst et al. 2007 (Anm. 41).

51 Vgl. Frank et al. 2008 (Anm. 5).

Verpflichtungen herausfordernd, Mitarbeitende, und dabei speziell auch Lernende und Studierende, situationsadäquat in ihre Aufgaben-, Kompetenz- und Verantwortungsbereiche einzuführen.

In Zusammenhang mit dem Phänomen *Second Victim* werden an dieser Stelle weniger direkte Handlungsfehler wie etwa fälschlicherweise ausgeschaltete Kontaktmatten, sondern vielmehr Aspekte der Aufgaben-, Kompetenz- und Verantwortungsverteilung fokussiert. Wie einleitend mit Bezug auf Albert W. Wu dargestellt,[52] sind Lernende und Studierende besonders vulnerabel. Auszubildende scheinen aufgrund der sich erst entwickelnden Wissens- und Erfahrungsgrundlagen einerseits anfälliger für Fehler. Andererseits sind sie wegen ihrer Rolle und der unterschiedlichen Phasen in den Lernbereichen Praxis und Theorie mit fehlender Betreuungskontinuität besonders für Belastungsreaktionen durch Fehlerbeteiligungen gefährdet.[53] Entsprechend müssen Pflegefachpersonen, die in klinischen Settings Ausbildungsfunktionen wahrnehmen, ein besonderes Augenmerk auf die korrekte und umfassende Anleitung von Tätigkeiten richten. Ebenso grosse Herausforderungen ergeben sich in der Zusammenarbeit von Pflegenden mit unterschiedlichen Skills und Grades in Bezug auf Delegation.

5. *Evaluation*

Im Rahmen der Evaluation werden erreichte patientenbezogene Ergebnisse mit den definierten Zielkriterien abgeglichen, um beispielsweise die Wirksamkeit umgesetzter Interventionen bei Sturzereignissen, sturzbedingten Verletzungen oder der Sturzangst feststellen zu können.[54] Die Evaluation sollte nach einem Sturz, aber auch bei verändertem Gesundheitszustand oder angepasster Patientenumgebung stattfinden. Zentral und auch Teil der Führungsverantwortung ist, dass entsprechend der Evaluation gegebenenfalls weitere Interventionen im Rahmen des klinischen Risikomanagements eingeleitet werden.[55]

---

52 Vgl. Wu/Steckelberg 2012 (Anm. 26).

53 Vgl. Cornel Schiess/Nina Kolbe/Dorothea Christen, Das Phänomen «Second Victim»: Erkenntnisse über Erleben und Bewältigen von Fehlerereignissen aus der Perspektive betroffener Gesundheitsfachpersonen – Ein Mapping-Review: Zeitschrift für Evidenz, Fortbildung und Qualität im Gesundheitswesen (im Erscheinen).

54 Im Anschluss an Brobst et al. 2007 (Anm. 41).

55 Im Anschluss an Frank et al. 2008 (Anm. 5).

VI. Ausblick: Von der Verhinderung zur Gestaltung menschlicher Fehlbarkeit

Die Schritte des Pflegeprozesses verdeutlichen die Entstehungszusammenhänge des Phänomens *Second Victim,* insbesondere die oben erwähnte Reziprozität zwischen Fehlerbeteiligung, Belastungsreaktionen und der erneuten Gefährdung der Patientensicherheit.[56] Eine Pflegefachperson kann nach einem Sturzereignis derart belastet sein, dass die systematische Ereignisanalyse ausbleibt, die Dokumentation lückenhaft ist und ein Re-Assessment mit entsprechenden Massnahmen zur Prävention ausbleibt, das aktuellen und künftigen Patientinnen und Patienten zugutekommt. In einer personenfokussierten «name-shame-blame-Kultur» erhalten *Second Victims* nicht die Unterstützung, die sie zur individuellen emotions- und problemfokussierten Bewältigung benötigen, ein «Überleben im Beruf» wird dadurch schwieriger und der berufliche Ausstieg möglicherweise häufiger.[57] Zwar besteht bei der effektiven Unterstützung von *Second Victims* kein Konsens bezüglich der Ansätze und Modelle, die zur Anwendung kommen sollen. Aus ethischer Perspektive jedoch ist klar, dass zur Überwindung des personenfokussierten Ansatzes ein systemorientierter Ansatz nötig ist. Dieser betrachtet den Umgang mit *Second Victims* aus organisationsethischer Perspektive. Wie der Pflegeprozess in Zusammenhang mit Sturzereignissen zeigt, geht es darum, «Fehler im System» immer auch als «Fehler des Systems» zu betrachten. Eine Haltung, die menschliche Fehlbarkeit verhindert, führt notwendigerweise zur intellektuellen Repression und Tabuisierung menschlichen Fehlverhaltens und vergrössert den Kreis der Leidtragenden. Im Gegensatz dazu ermöglicht eine Haltung, die davon ausgeht, dass menschliche Fehlbarkeit gestaltbar ist, dem Ideal der Verhinderung vermeidbarer Fehler näherzukommen, gleichzeitig aber fatale Folgen sukzessiver Viktimisierungen zu verhindern.

---

56 Im Anschluss an von Laue et al. 2012 (Anm. 28).

57 Vgl. Cramer/Foraita/Habermann 2012 (Anm. 22); Deborah Seys et al., Health care professionals as second victims after adverse events: A systematic review: Evaluation & the Health Professions 36/2013, 135–162; Seys et al. 2013 (Anm. 7).

III. Fehler, Irrtum, Schuld: Philosophische, theologische und psychologische Sichtweisen

Monika Bobbert

Verantwortung, Fehler und Schuld in Medizin und Pflege

I. Einleitung

Kranke oder pflegebedürftige Menschen sind in besonderer Weise verletzlich.[1] Zum einen sind sie meist auf professionelle Versorgung und Betreuung anderer angewiesen und damit auch deren Entscheidungen und Handeln in gewisser Weise ausgeliefert. Zum anderen bringen Krankheit oder Behinderung häufig psychische, kognitive oder soziale Einschränkungen des Autonomievermögens mit sich – was etwa die Willensartikulation oder das persönliche Durchsetzungsvermögen anbelangt. Aber auch schon dann, wenn ein Mensch Schmerzen hat oder ihm die Aktivitäten des täglichen Lebens[2] grosse Mühe bereiten, sind seine psychischen und physischen Kräfte häufig reduziert.

Medizin und Pflege beanspruchen, dem Patienten zu helfen, d. h. sein Wohl in Bezug auf Krankheit oder Pflege zu verbessern. Doch Krankheit, Behinderung und Altersgebrechen lassen sich nicht immer heilen, sondern manchmal auch nur lindern, da die Hilfsmöglichkeiten von Medizin und Pflege ihre Grenzen haben. Generell stellt die Norm des Nichts-Schadens eine Minimalforderung für medizinische und pflegerische Interventionen dar. Sie gilt schon für den Fall der Wirkungslosigkeit: Selbst wenn eine Therapie oder

1 Vgl. eingehend zur Kategorie der Verletzlichkeit Hille Haker, Vom Umgang mit der Verletzlichkeit des Menschen: Monika Bobbert (Hg.), Zwischen Parteilichkeit und Gerechtigkeit. Schnittstellen von Klinikseelsorge und Medizinethik, Münster 2015, 195–227.

2 Vgl. für eine etablierte Möglichkeit der Kategorisierung professioneller Pflege die «Aktivitäten des alltäglichen Lebens» nach Liliane Juchli, Pflege. Praxis und Theorie der Gesundheits- und Krankenpflege, Stuttgart [8]1997 oder Nancy Roper/Winifred Logan/Alison J. Tierney, Das Roper-Logan-Tierney-Modell – basierend auf Lebensaktivitäten, Bern 2009 (Im Original erschienen 1980: The Elements of Nursing: A Model for Nursing based on a Model of Living).

Pflegemassnahme keinen positiven Effekt haben sollte, so darf sie dem Patienten zumindest nicht schaden.

Wenn Fehler in der medizinischen oder pflegerischen Versorgung geschehen, läuft ein Patient oder pflegebedürftiger Mensch Gefahr, noch mehr Schmerzen und Belastungen zu erleiden als ohnehin schon und eine ansonsten übliche Besserung nicht zu erfahren. Weil Krankheit, Behinderung oder Gebrechlichkeit oft existenziell bedrohlich sind und weil Medizin und Pflege sehr nah an Leib und Seele eines Menschen heranreichen, können Fehler in diesen Situationen rasch auch schwerwiegende Folgen zeitigen, etwa Schmerzen, bleibende Gesundheitsschädigungen oder die Bedrohung des Lebens. Es wundert nicht, dass es bislang nur mehr wenig Literatur und Diskussionen über Fehler von Ärztinnen und Ärzten sowie Pflegenden gibt. Faktisch Betroffene vermögen es oft nicht, ihre Klagen und Ansprüche geltend zu machen, für potenzielle Patienten und Patientinnen ist das Thema des Fehlermachens in der Gesundheitsversorgung beunruhigend, für praktizierende Ärzte und Pflegende ist es oft ein Tabuthema. Offenbar stellen Fehler das berufliche Selbstverständnis und die moralische Selbstverpflichtung des Nichtschadens in Frage, ungeachtet dessen, ob sie aus institutioneller Überforderung oder persönlichem Versagen heraus geschehen sind.

Des Weiteren gehen Fehler mit dem Lernen in Ausbildung und Studium einher. Ein Teil der Ausbildung und des Studiums findet in Klinik, Pflegeheim oder einer ambulanten Versorgungsstruktur statt. So gern wir uns auf die Lebensweisheit, durch Fehler zu lernen oder durch Fehler klug zu werden, beziehen, wenn wir etwas falsch gemacht haben oder wenn wir Auszubildende zum Ausprobieren ermutigen wollen: Ist es aus ethischer Sicht zulässig, in Medizin oder Pflege durch Fehler zu lernen?

Die Themen Verantwortung, Fehler und Schuld in Medizin und Pflege müssen trotz ihres individualethischen Startpunkts in der Sozialethik enden: Angesichts der Verletzbarkeit kranker und pflegebedürftiger Menschen gilt es, Verantwortung zu übernehmen und sich in besonderer Weise um das Vermeiden von Fehlern zu bemühen. Weil jedoch die professionelle medizinische und pflegerische Versorgung und Betreuung von Menschen durch die institutionellen und sozialstaatlichen Rahmenbedingungen geprägt ist, was mit einer ausdifferenzierten Arbeitsteilung einhergeht, bedürfen immer auch die Bedingungen, unter denen Ärztinnen und Pflegekräfte Verantwortung übernehmen, einer ethischen Reflexion.

II. Fehler bei der Versorgung verletzbarer Menschen

1. *Aus Fehlern lernen?*

Im Unterschied zu manch anderen Lebensbereichen, Ausbildungs- und Studiengängen kann das Fehlermachen im Gesundheitswesen und in der professionellen Versorgung von Menschen mit Einschränkungen kein angezielter Weg des Lernens sein. Das moralische Verbot zu schaden (Prinzip des Nichtschadens), welches z.B. im ärztlichen und pflegerischen Berufsethos wie auch in medizin- und pflegeethischen Werken[3] als zentrale Norm genannt wird, ist auch als Pendant zur Abhängigkeit und Verletzlichkeit pflegebedürftiger Menschen zu sehen. Ausserdem sollen Schmerz und Belastung nicht noch vermehrt werden, sondern es soll wirkliche Unterstützung erfolgen. Denn ansonsten würden die «helfenden Berufe» in Medizin und Pflege ihr Ziel verfehlen und auch die Legitimität ihres «Eingreifens» in Leib und Seele verlieren. Die Norm des Nichtschadens ist auf der ethisch-normativen Ebene, d. h. der Frage des unbedingten moralischen Sollens angesiedelt.

Nun gibt es in den letzten Jahren aber auch zunehmend mehr Literatur zu Fragen der Ethik des guten Lebens. Auf der Ebene des Strebens nach dem gelingenden Leben ist es zulässig, über einen guten Umgang mit Fehlern und Schuld nachzudenken und keine zu grosse Angst vor Fehlern und Scheitern zu entwickeln. Wir müssen nicht zwangsläufig ein schlechtes Gewissen haben oder in Scham und Schuld versinken, wenn uns ein Fehler unterläuft.

Zunächst einmal ist zu klären, welche Fehler überhaupt moralisch relevant sind. Denn auf der Sachebene kann es Fehler unterschiedlichster Art geben: Fehler angesichts der kulturell geprägten Normen guten Benehmens, Fehler angesichts der DIN-Normen oder Fehler angesichts verwaltungstechnischer Vorgaben. Wann ein moralisch relevanter Fehler vorliegt, welche Aspekte eines Fehlers auf der strebensethischen oder aber sollensethischen Ebene liegen und welche moralischen Normen im Hinblick auf das normative Sollen verletzt und daher im engeren Sinne ethisch problematisch sind , lässt sich allerdings erst über eine umsichtige ethische Reflexion klären. Gleichwohl ist das Fehlermachen in Medizin und Pflege ein wichtiges Thema: Denn wir Menschen sind kontingent und fehlerfähig. Wir können niemals ganz perfekt handeln, weder moralisch, noch sachbezogen.

—

3 Vgl. z. B. für die Medizinethik Tom L. Beauchamp/James F. Childress, Principles of Biomedical Ethics, Oxford [7]2013, vgl. für die Pflegeethik z. B. Settimio Monteverde (Hg.), Handbuch Pflegeethik, Stuttgart 2012; Doris Fölsch, Ethik in der Pflegepraxis, Wien 2008, bes. 124–140.

Jede philosophische oder theologische Anthropologie, d. h. das methodisch geleitete Nachdenken des Menschen über sich selbst unter Einbeziehung der Lebensvollzüge, Erfahrungen und wissenschaftlichen Erkenntnisse über den Menschen, zeigt dies auf.[4] Das anthropologische Faktum der Kontingenz des Menschen kann und darf im Berufsleben nicht ausgeblendet werden. Perfektionismus kann nicht erwartet werden, jede Verneinung von der Möglichkeit des Irrtums und Fehlermachens käme einer Selbstüberschätzung bzw. Überforderung des Menschen gleich. Angesichts der anthropologischen Verfasstheit des Menschen gilt es, um der Akteure und um der verletzlichen Patienten und Patientinnen und Pflegebedürftigen willen die Möglichkeit fehlerhaften Handelns miteinzubeziehen und alle Beteiligten durch Regeln und Strukturen umsichtig vor Fehlern zur bewahren.

2. *Das Sündenbock-Phänomen*

Die ausdifferenzierte Arbeitsteilung mit Handlungsketten, an denen viele Akteure beteiligt sind, macht es in der stationären und ambulanten Versorgung schwierig, Verantwortung prospektiv oder retrospektiv zuzuschreiben. Zudem neigen die moralischen Intuitionen der Beteiligten sowie die klinische Ethik, die sich vielfach mit fallbezogenen ethischen Problemen befasst, dazu, eher einzelne moralische Akteure in den Blick zu nehmen als Strukturen zu kritisieren: In der Klinik hat das Tagesgeschäft mit der Lösung akuter Fälle faktisch oft Vorrang vor der Analyse der Rahmenbedingungen und vor etwaigen institutionellen und sozialpolitischen Änderungsforderungen.

So kommt auch das sogenannte Sündenbock-Phänomen bei Fehlern in der Krankenversorgung häufig zum Tragen: Bei einem Fehler, bei dem Patienten oder Gepflegte einem erkennbar hohen Gesundheitsrisiko ausgesetzt werden oder tatsächlich zu Schaden kommen, wird rasch das letzte Glied der Handlungskette verantwortlich gemacht und bestraft, etwa die Krankenschwester, die der schwangeren Patientin auf einer gynäkologischen Station das falsche Medikament verabreicht, oder der Medizinstudent, der einer Patienten nach einer Brustkrebsoperation am «falschen» Arm Blut abnimmt – nämlich dem

—

4 Vgl. z. B. Reiner Wimmer, Anthropologie und Ethik. Erkundungen in unübersichtlichem Gelände: Christoph Demmerling/Gottfried Gabriel/Thomas Rentsch (Hg.), Vernunft und Lebenspraxis. Philosophische Studien zu den Bedingungen einer rationalen Kultur, für Friedrich Kambartel, Frankfurt/M. 1995, 215–245; Dietmar Mieth, Theologische Anthropologie: Eike Bohlken/Christian Thies (Hg.), Handbuch Anthropologie, Stuttgart 2009, 250–257.

rechten Arm, der der abgenommenen Brust näher liegt.[5] Im ersten Fall erlitt die schwangere Patientin eine Fehlgeburt, im zweiten Fall entwickelte die Patientin, bei der vor drei Tagen eine Brustoperation mit Ausräumung der axialen Lymphknoten rechts erfolgt war, eine Infektion. Beide Akteure machten sich selbst für den Fehler verantwortlich, das Behandlungsteam vertrat ebenso diese Ansicht und verhängte entsprechende Sanktionen.

Übergangen wurde der Weg der Fehleranalyse und reflektierten Zuschreibung von Verantwortung, wofür unter anderem folgende Fragen hätten geklärt werden müssen:[6]

1. Wie wahrscheinlich ist die implizite Hypothese eines Kausalzusammenhangs? Im ersten Fall wurde durch ein Wehenmittel, das der falschen Patientin verabreicht wurde, mit grosser Wahrscheinlichkeit der Spontanabort ausgelöst. Im zweiten Fall könnte die Infektion auch andere Ursachen haben als die Blutabnahme am «falschen» Arm. Verantwortungszuschreibungen bauen immer auf einer Kausalannahme auf, die jedoch letztlich immer eine mehr oder weniger abgesicherte Wahrscheinlichkeitsaussage darstellt.
2. Ist die Handlung prinzipiell anrechenbar, d. h., stand die Handlung in der Entscheidung des Medizinstudierenden, da er sie freiwillig ausführte und auch hätte anders handeln können?
3. Arbeitsteilung und Verantwortung: Wem aus dem Behandlungsteam und der übergeordneten Organisation kommen welche Aufgaben und

—

5 Die erwähnten Fallbeispiele stammen von Teilnehmenden aus Seminaren zum Thema «Fehler und Verantwortung in Medizin und Pflege», die die Autorin des vorliegenden Beitrags durchführte.

6 Bereits Aristoteles hebt in seiner Imputationslehre – einer Theorie, die klärt, unter welchen Umständen Personen retrospektive Verantwortung zugeschrieben werden kann – im dritten Buch der Nikomachischen Ethik (vgl. Aristoteles, Philosophische Schriften in sechs Bänden, Hamburg 1995, 44–72 [1109b30–1119b21]) auf folgende zwei Aspekte ab: 1. Bestand «Tatherrschaft», wurde die Handlung also freiwillig ausgeführt und hätte die Person anders handeln können? 2. Falls die Tat auf Unwissenheit beruht: Unwissenheit entschuldigt nicht, wenn sich die Tat auf moralische Normen bezieht, die zu kennen man verpflichtet ist (hier: Recht auf Schutz von Leben und Gesundheit der Patienten). Bezieht sich die Unwissenheit jedoch auf empirische Bedingungen des Handelns, hängt die Zuschreibbarkeit der Verantwortung davon ab, ob die Unwissenheit vermeidbar und insofern verschuldet war oder nicht.

welcher Anteil der Verantwortung für das Wohl der Patienten und Patientinnen zu?
4. Wissen und Verantwortung: Die Zuschreibung einer Handlung, die auf Unkenntnis der empirischen Rahmenbedingungen beruht, hängt von der Art des Irrtums ab: Hätte man/frau es wissen können? Liegt individuelle Nachlässigkeit (selbstverschuldet, vermeidbar) vor oder gibt es Mitverantwortliche, die Wissen oder Informationen hätten weitergeben sollen?
5. Sollen setzt Können voraus: Hatte der/die Akteur/-in die Fähigkeiten, die für das Wahrnehmen der entsprechenden Verantwortung erforderlich waren? Gab es eine Delegation und Übernahme der Aufgabe, bei der diese Frage bedacht wurde?

Der Medizinstudent hätte je nach Inhalt und Zeitpunkt seines Studiums, vielleicht auch je nach Praktikanten/Studenten-Einweisung auf der onkologischen Station wissen können, dass bei frisch operierten Brustkrebspatientinnen bei einer Blutabnahme der Arm der nicht betroffenen Seite zu wählen ist. War im Studiumscurriculum oder bei seiner Einführung auf der Station etwas versäumt worden oder hatte der Medizinstudent nicht alles gehört? Die Krankenschwester müsste je nachdem, wie das «Herrichten» der Medikamente und Injektionen geschieht, zur Verantwortung gezogen werden. Medikamentenverwechslungen sind ein häufiger Fehler in der Pflege. Die Pflegeethikerin Marianne Arndt hat in einer empirisch untermauerten Monografie gezeigt, welche Strukturbedingungen Medikamentenfehler verhindern und damit Pflegekräfte entlasten und Patienten schützen.[7] So ist beispielsweise das Herausnehmen der Medikamente aus den Originalverpackungen am Bett anhand der Krankenakte weniger fehleranfällig als das Sortieren der Tabletten und Injektionsmitteln auf Tabletts im Stationszimmer.

Häufig ist es allerdings auch so, dass Fehler nicht offen gelegt werden.[8] Damit können weder mögliche Folgeschäden auf Seiten des Patienten verhindert oder gemildert noch strukturelle Ursachen erkannt und behoben werden. Wenn Ärztinnen oder Pflegende als direkte Akteure oder Mitwisser dies in Kauf nehmen, werden sie ihrer prospektiven Verantwortung nicht gerecht.

—

7 Vgl. Marianne Arndt, Nurse's Medication Errors. An Interpretative Study of Experinces, Frankfurt/M. 1994.

8 Vgl. z. B. die Fallgeschichte «Fehler»: Arbeitsgruppe «Pflege und Ethik» der Akademie für Ethik in der Medizin e.V., «Für alle Fälle». Arbeit mit Fallgeschichten in der Pflegeethik, Hannover 2005, 30–39.

Eventuell werden sie auch ihrer eigenen gegenwärtigen Verantwortung für Gesundheit und Wohlergehen des Patienten nicht gerecht, da sie eventuell zur Erhöhung des akuten Schadens beitragen. Ihr Mitwissen bringt also einen neuen Anteil an Verantwortung mit sich. Zudem bleiben die Risiken für künftige Patienten und Patientinnen bestehen.

III. Verantwortung als Zuschreibungsbegriff

1. *Moralische Verantwortung*

Der deutsche Begriff Verantwortung verweist auf die Praxis des «Für etwas Rede und Antwort stehen».[9] Im Kern bedeutet es, sich für etwas gegenüber jemandem unter Berufung auf eine Norm oder Vereinbarung zu rechtfertigen. Die Zuschreibung von Verantwortung kann sich auf spezifische Aufgabenbereiche, (Berufs-) Rollen oder Konventionen u. a. m. beziehen. Bedingte Verantwortlichkeiten werden auch als Aufgabenverantwortung oder Zuständigkeitsverantwortung bezeichnet.[10] Die sozialen Rollen in einer Gesellschaft und die beruflichen Aufgaben in einer arbeitsteilig organisierten Einrichtung sind bezogen auf fachliche, rechtliche oder andere Vereinbarungen und Regeln (z.B. beim Schiedsrichter im Sport). Diese Verantwortlichkeiten im Sinne von Zuständigkeiten und Vereinbarungen können miteinander in Konkurrenz stehen, oder sie sind einander über- oder untergeordnet. Da die Moral jedoch die oberste Prüfinstanz für unser Handeln darstellt, und klärt, wozu wir grundsätzlich verpflichtet sind, ist das moralische Verständnis von Verantwortung allen anderen Verantwortlichkeiten vorgeordnet.

2. *Verantwortung deskriptiv und evaluativ zugleich*

Der Begriff der Verantwortung lässt sich nicht rein deskriptiv zuschreiben, sondern enthält unausweichlich immer schon wertende Bestandteile:[11] Die Aussage «Frau Dr. Anger ist verantwortlich für die Leitung der Station» bedeutet zum einen, dass es ihre Aufgabe ist, die Station zu leiten. Es bedeutet

---

9 Vgl. für das Folgende den systematischen Grundlagenartikel zu Verantwortung von Micha H. Werner: Marcus Düwell/Christoph Hübenthal/Micha H. Werner (Hg.), Handbuch Ethik, Stuttgart, [3]2011, 541–548.

10 Vgl. z. B. Otfried Höffe, Schulden die Menschen einander Verantwortung?: Ernst-Joachim Lampe (Hg.), Verantwortlichkeit und Recht, Opladen 1989, 12–35.

11 Vgl. dazu u. a. zu Verantwortung und Arbeitsteilung v.a. Hans Lenk, Einführung in die angewandte Ethik. Verantwortung und Gewissen, Stuttgart 1997, 99f.

aber auch, dass Frau Dr. Anger, sollte auf der Station ein Fehler auftreten, möglicherweise mitverantwortlich ist. Zudem kann es bedeuten, dass sie die zur Fehlerprävention geeigneten Massnahmen auf ihrer Station etablieren sollte. Wenn der Medizinstudent «am falschen Arm Blut abgenommen hat», dann bedeutet dies zum einen, dass er es war, der die Blutabnahme durchgeführt hat (deskriptiv in dem Sinn, dass ein Akteur genannt wird), zum anderen ist er damit aber auch ein Akteur, der als Verantwortungsträger in Frage kommt, dem also Verantwortung zugeschrieben werden kann.[12]

3. *Verantwortung retrospektiv oder prospektiv*

Der Begriff der Verantwortung kann auf Geschehenes bezogen, also retrospektiv verwendet werden. Meist werden «Fehler» in der Krankenversorgung identifiziert und dann moralisch relevante Verantwortungszuschreibungen vorgenommen, so z.B.: «Der Stationsarzt und das Behandlungsteam sind verantwortlich dafür, dass unverhältnismässig viele Patienten auf seiner Station eine Infektion entwickelt haben.» Im Fall einer retrospektiven Zuschreibung von Verantwortung für Fehler muss jemand Rede und Antwort stehen, und es geht dabei um die Frage der Schuldzuweisungen. Traditionell wurde die Thematik der retrospektiven Verantwortung anhand des Begriffs der Schuld oder der Zurechenbarkeit bzw. Imputation diskutiert.

Der Begriff Verantwortung kann jedoch auch auf die Zukunft gerichtet sein: Es gilt, Fehler zu verhindern und wirksame Vorkehrungen zu treffen, wie z.B.: «Der Stationsarzt und das Behandlungsteam sind verantwortlich für Heilungsfortschritte und für den Schutz der Gesundheit ihrer Patienten. Sie führen neue Hygienemassnahmen zur Verhinderung von Infektionen auf ihrer Station ein.» Der prospektive Verantwortungsbegriff wurde traditionell – und wird vielfach auch heute noch – unter dem Begriff der moralischen Pflicht diskutiert.

4. *Verantwortung als mehrstelliger Zuschreibungsbegriff*

Der Verantwortungsbegriff ist ein sogenannter Zuschreibungsbegriff. Es besteht Einigkeit darin, dass der moralische Verantwortungsbegriff als mehrstelliger Relationsbegriff verstanden werden muss: Dabei werden dreistellige

---

12 Im Alltag personifizieren wir manchmal z. B. die Natur, wenn wir sagen: «Der Wirbelsturm Katrina war verantwortlich für die Katastrophe in New Orleans.» Damit beschreiben wir einen Kausalzusammenhang. Es handelt sich nicht um eine Verwendung des moralischen Verantwortungsbegriffs, weil ein Naturphänomen kein moralisches Subjekt ist.

bis hin zu sechsstelligen Relationen vorgestellt.[13] Eine vierstellige Relation wie folgt kann als Mindestvoraussetzung gelten:[14] Jemand (Verantwortungssubjekt) ist für etwas (Verantwortungsgegenstand) aufgrund bestimmter normativer Standards (Normbezug) vor oder gegenüber jemandem (Verantwortungsinstanz) verantwortlich.

Angesichts dieser Relationen müssen bei der Zuschreibung von Verantwortung unter anderem folgende Fragen diskutiert werden:

- Verantwortungssubjekt: Bewusstheit, Wissen und Freiwilligkeit des Handelnden: War er sich über die Situation im Klaren und hätte er anders handeln können?
- Verantwortungsgegenstand: Wofür war jemand zuständig/verantwortlich? War dies implizit oder explizit vereinbart?
- Normbezug: Art, Einschlägigkeit und normative Gültigkeit der (moralischen) Bezugsnormen.
- Verantwortungsinstanz: Vor wem ist jemand verantwortlich? «Vor dem moralischen Gesetz», das durch Vernunftwesen begründet ist und sich an sie richtet, vor einer religiösen Instanz oder vor dem juridischen Gesetz?

5. *Moralische Verantwortung und theologische Ethik*

Im Folgenden steht der moralische Verantwortungsbegriff in Bezug auf konkrete Handlungen im Vordergrund. Damit sind moralische Normen der Bezugspunkt und die Verantwortungsinstanz ist die Ethik bzw. die ethische Reflexion, die sich an Vernunftwesen richtet. Eine theologische Ethik beantwortet die Frage, warum ein Mensch moralisch verantwortungsvoll handeln soll, mit der Beziehung des Menschen zu Gott. Im Kontext einer autonomen Moral im christlichen Kontext ist jedoch die Frage der Begründung moralischer Normen und ihrer inhaltlichen Ausdifferenzierung und Anwendung dem von Gott dem Menschen geschenkten Vernunftvermögen überantwortet. Der «Beweggrund», d. h. die Motivation zum moralischen Handeln und

---

13 Vgl. Walther Zimmerli, Wandelt sich die Verantwortung mit dem technischen Wandel?: Hans Lenk/Günter Ropohl (Hg.), Technik und Ethik, Stuttgart 1993, 92–111; Höffe 1989 (Anm. 10), 12–35; Hans Lenk, Zwischen Wissenschaft und Ethik, Frankfurt/M. 1992, Günter Ropohl, Das Risiko im Prinzip Verantwortung: Ethik und Sozialwissenschaften 5/1994, 109–120.

14 Vgl. Werner 2011 (Anm. 9), 543.

zur Verantwortungsübernahme liegt im christlichen Glauben in der Verschränktheit von Gottes- und Nächstenliebe.[15]

6. *Verantwortung angesichts welcher moralischer Normen und ethischer Theorien?*

Mit den Begriffen und Methoden der philosophischen Ethik als einem Vernunftdiskurs ist die Frage zu beantworten, welche rationale Argumentation vor Vernunftwesen Bestand haben kann. Aus moralischer Sicht müssen die Normen und Urteile von Individuen oder partikularen Gruppen kritisierbar sein. Angesichts moralisch-normativer Forderungen müssen logisch-zwingende oder zumindest sehr plausible Gründe gegeben werden, ohne dabei die Fehlbarkeit moralischer Begründungswege zu ignorieren. Der Theorienpluralismus der Ethik ist also bei der Frage, vor welcher moralischen Norm ein Akteur verantwortlich ist, stets zu berücksichtigen.

In Bezug auf die medizinische und pflegerische Praxis sind – ungeachtet bzw. trotz des ethischen Theorienpluralismus – bestimmte moralische Normen weithin akzeptiert, so das Prinzip der Selbstbestimmung, das Prinzip des Nichtschadens, der Schutz von Leben und Gesundheit, das Prinzip des Wohltuns bzw. der Heilung und Linderung sowie das Prinzip der Verteilungsgerechtigkeit.[16] Weniger der Streit um die Begründung dieser grundlegenden Normen als um deren Anwendung auf die Handlungsbereiche Medizin und Pflege und die Abwägungskriterien für Situationen, in denen mehrere Normen in Konflikt geraten, sind hier Gegenstand von Debatten. Für den Verantwortungsdiskurs kann daher auf diese moralischen Normen zurückgegriffen und intensiv die Frage der Verantwortungszuschreibung in Bezug auf Verantwortungssubjekt, Verantwortungsgegenstand und Normbezug bearbeitet werden.

---

15 Vgl. u. a. Dietmar Mieth, Was wollen wir können? Ethik im Zeitalter der Biotechnik, Freiburg/Br. 2002, Alfons Auer, Autonome Moral und christlicher Glaube, Düsseldorf ²2000.

16 Vgl. Beauchamp/Childress 2013 (Anm. 3); Bettina Schöne-Seifert, Grundlagen der Medizinethik, Stuttgart 2007; Günther Pöltner, Grundkurs Medizin-Ethik, Wien 2002 als *partes pro toto* für die Medizinethik; vgl. auch ethische Berufskodizes für Ärzte/Ärztinnen und Pflegende.

IV. Verantwortung und Arbeitsteilung in Medizin und Pflege

Schon im zwischenmenschlichen Nahbereich ist häufiger umstritten, wer im konkreten Fall für gewisse Aufgaben zuständig ist und dementsprechend retrospektiv oder prospektiv verantwortlich ist. Noch weitaus komplexere Zusammenhänge und Zuschreibungsprobleme sind in arbeitsteilig organisierten Institutionen der Gesundheitsversorgung, sei es stationär oder ambulant, gegeben. Oftmals ist die Rollen- und Aufgabenverantwortung auch nicht inhaltseng als spezielle Aufgabe umschrieben, sondern es handelt sich um eine recht umfassende, ja eher generell auf einen Versorgungsauftrag bezogene Verantwortung, die teils explizit und teils implizit umrissen ist oder jedem neuen Mitarbeiter weitertradiert wird.[17]

Auch wenn von institutioneller Verantwortung oder Organisationsverantwortung die Rede ist, muss die Verantwortungsfrage immer an personale Verantwortung rückgebunden werden. Denn im eigentlichen Sinn kann nur moralischen Subjekten Verantwortung zugeschrieben werden. Interne Aufgabenbereiche und Verantwortungsaufteilungen, implizite oder explizite Aufteilungsabsprachen sind hierbei zu eruieren oder zu rekonstruieren. Die Schwierigkeit der Verantwortungszuschreibung erhöht sich bei arbeitsteilig organisierten Handlungszusammenhängen auch deshalb noch, weil die Handlungszusammenhänge durch technische Artefakte oder soziale Systeme vermittelt sind. Es ergeben sich komplexe Wechselwirkungen zwischen Handlungswirkungen verschiedener Akteure, hinzu treten Unsicherheiten bei der Folgenprognose. In der Gesundheitsversorgung sind auch Annahmen zu den kausalen Zusammenhängen zwischen dem physischen und psychischen Wohl des Patienten und den medizinischen und pflegerischen Handlungen oftmals strittig. Angesichts dieser und weiterer Einflussfaktoren wird man in vielen Fällen personale Verantwortung nur unter Vorbehalt zuschreiben können. Zudem wird vielfach davon ausgegangen, dass Akteure für intendierte Handlungsergebnisse stärker verantwortlich sind als für nicht-intendierte und für vorausgesehene Handlungsfolgen stärker als für nicht-voraussehbare. Bei dem letztgenannten Aspekt ist jedoch zu diskutieren, ob der Irrtum in Bezug auf einen empirischen Sachverhalt als «Hätte-wissen-können» oder als schuldloses «War-nicht-abzusehen» zu bewerten ist.

---

17 Vgl. zu Verantwortung und Arbeitsteilung v.a. Lenk 1997 (Anm. 11), bes. 101–102.

V. Verantwortungszuschreibung in Medizin und Pflege

1. *Retrospektive Zuschreibung von Verantwortung als moralischer Schuld*

Fehler in der Versorgung kranker oder pflegebedürftiger Menschen in einer stationären oder ambulanten Einrichtung unterlaufen den professionellen Helferinnen und Helfern und denjenigen, die die Abläufe planen und organisieren, häufiger. Nicht alle Fehler sind moralisch relevant. So können Fehler darin bestehen, dass man von einem üblichen Ablauf, den die Verwaltung vorgibt, abweicht, dass man einen Pflegestandard variiert oder gegen eine DIN-Norm verstösst. Ob ein Fehler aus ethischer Sicht relevant ist, d. h. ob aus moralisch-normativer Sicht eine ethische Norm verletzt wird oder aus Sicht einer Ethik des guten Lebens ein Patient nicht das für ihn erstrebenswerte Genesungsziel erreicht, ist zunächst zu klären. Bei einer Zuschreibung moralischer Verantwortung, die mit Schuld und Pflicht, also in erster Linie ethisch-normativen Forderungen in Verbindung steht, ist des Weiteren zu klären, welche ethischen Normen durch Fehlverhalten oder fehlerhafte Ergebnisse berührt sind.

Fragt man z.B. retrospektiv, wer für eine an sich schlechte Handlung, etwa eine Lüge angesichts des moralischen Verbots zu lügen, verantwortlich ist, dann ist man auf der Suche nach Schuldigen: Wer ist schuld an diesem moralisch relevanten Fehler? Eine Lüge lässt sich meist einer oder einigen Personen zuordnen. Doch sind an einer arbeitsteiligen Versorgung von Patienten in der Klinik häufig mehrere Akteure beteiligt, denen unter Umständen Schuld zuzuschreiben ist:

Folgender Bericht eines Medizinstudenten mag die Schwierigkeit der Verantwortungszuschreibung verdeutlichen:

«Ich stand am Anfang des ersten Tertials im Praktischen Jahr, das ich auf einer internistischen Station begann. Die Aufgaben, die ich zu übernehmen hatte, unterschieden sich nicht wesentlich von denen, die ich auch schon während meiner Famulaturen im Medizinstudium hatte ausführen dürfen. Ausser mir war noch ein weiterer Student im Praktischen Jahr auf der Station. Er war aber schon vier Wochen länger dort und wusste, «wie der Laden läuft». An einem meiner ersten Tage sagte mir der Stationsarzt im Vorbeigehen, dass Herr Schmidt noch eine Transfusion benötige und die zwei Erythrozytenkonzentrate schon bereit lägen. Mein Kollege und ich könnten das Blut doch schnell anhängen. Die erforderlichen Formulare lägen bei den Blutkonserven, er würde sie später unterzeichnen, müsse jetzt aber rasch zur Röntgenbesprechung ins Erdgeschoss. Meinen Hinweis, dass ich noch nie eine Transfusion selbständig durchgeführt hatte, überging er und forderte mich in strengem Ton auf, das Blut rasch anzuhängen.

Unschlüssig, wie ich weiter verfahren sollte, besprach ich mich mit meinem Kollegen und wir entschieden uns, gemeinsam den Bedside-Test durchzuführen und die Erythrozythenkonzentrate anzuhängen. Im Skills-Lab hatten wir ja gelernt, wie ein Bedside-Test durchzuführen ist. So schwer konnte es in der Realität nun auch nicht sein. Vier Augen sehen schliesslich mehr als zwei. Nachdem ich alles für die Transfusion vorbereitet hatte, betraten wir zu zweit mit entschlossenen Gesichtern und einem mulmigem Gefühl in der Magengegend das Zimmer. Der Patient erwartete mich schon und wollte die ganze Sache auch schnell hinter sich bringen, so dass wir keine unbequemen Fragen von ihm zu erwarten hatten. Ich entnahm dem Patienten wenige Milliliter Blut und führte den Bedside-Test durch. Wir warteten eine Minute und lasen das Ergebnis korrekt ab. Der Patient hat Blutgruppe A+, die Blutkonserven ebenfalls. Erfreut, die erste Hürde genommen zu haben, beeilten wir uns, die zwei Konserven anzuhängen. Danach verliessen wir das Zimmer.

Gerade wollen wir uns einen Kaffee holen, da hörten wir den unangenehmen Alarm aus dem Zimmer, das wir eben verlassen hatten. Schnell hasteten mein Kollege und ich in das Zimmer, wo sich uns ein schreckliches Bild bot: Herr Schmidt sass vornüber gebeugt am Bettrand und rang nach Luft. Seine Extremitäten waren gerötet, und er konnte kaum noch atmen. Als wir seinen Puls fühlten und bemerkten, dass er arrhythmisch war, erbrach sich Herr Schmidt. Ohne zu zögern beendete ich die Transfusion und rief meinem Kollegen zu, er solle so schnell wie möglich den Stationsarzt informieren.»[18]

Was wurde falsch gemacht? Wem lässt sich welche Verantwortung zuschreiben? Und wäre jemand schuld gewesen, wenn der Patient dauerhaft zu Schaden gekommen wäre?

Zunächst ist zu fragen, ob der Akteur, der berichtende Medizinstudent im Praktischen Jahr, bewusst und freiwillig gehandelt hat oder mit anderen Worten: Gab es Handlungsalternativen – und um welchen Preis? Nach dem alten moralischen Grundsatz, dass Sollen Können voraussetzt, wäre zudem zu fragen, inwieweit der Medizinstudent über die Fähigkeit verfügte, anders zu handeln.

Aber auch in Bezug auf andere Akteure wäre dies zu klären. Angesichts arbeitsteiliger Handlungsketten lässt sich die sogenannte Sachverantwortung, also die Verantwortung für bestimmte Aufgaben in vier Formen ausdifferenzieren: Anordnungsverantwortung, Übernahmeverantwortung, Durchführungsverantwortung und Organisationsverantwortung. In Bezug auf die

—

18 Fallerzählung eines Medizinstudenten im Praktischen Jahr.

vier Verantwortungsformen wären vermutlich unterschiedliche Akteure verantwortlich zu zeichnen. Inwieweit wissen die Beteiligten um ihre Zuständigkeiten und Aufgaben? Wurden sie explizit erläutert oder galten sie implizit? Zumindest jedoch hätte den Medizinstudenten klar sein müssen, dass ihre Durchführungsverantwortung umfasste, im Zimmer des Patienten zu bleiben und ihn zu beobachten. Eine Anordnungsverantwortung – hier des Assistenzarztes – bestand darin, sich von der Kompetenz derjenigen, an die er delegierte, überzeugt zu haben und auch die Qualität des Ergebnisses zu kontrollieren.

Davon abgesehen ist die implizite Kausalitätsannahme – dass nämlich die Symptome des Patienten Herrn Schmidts mit der Transfusion zusammenhängen – zu überprüfen. Wer schliesslich welchen Anteil an Verantwortung und gegebenenfalls an Schuld trägt, hängt von den herangezogenen ethischen Normen ab. Das Prinzip des Nichtschadens richtet den Blick auf die Frage, wer in welcher Form – kurzfristig oder langfristig – geschädigt worden ist. Eine Verletzung des Rechts auf Schutz von Leben und Gesundheit oder zumindest ein Riskieren der Achtung dieser Rechte bzw. Pflichten könnte als Schuld gelten.

Ein konsequentialistischer Ansatz würde die negativen und positiven Folgen eruieren und eine Nutzensummenbilanz anstreben. Ob der Stationsarzt mit seiner Teilnahme an der Besprechung sehr positive Folgen zeitigte, die die etwas riskante Aufgabendelegation an die Medizinstudierende aufwiegen konnte, wäre angesichts einer obersten Norm der Maximierung des Gesamtnutzens aller von einer Handlung Betroffenen zu klären. Aber nicht nur der Stationsarzt und die beiden Medizinstudenten sind Akteure, denen retrospektiv Verantwortung zugeschrieben werden kann: Andere Mitarbeiter und Mitarbeiterinnen des Krankenhauses tragen Organisationsverantwortung: Entscheidungen über Personalschlüssel, Arbeitsabläufe und Ergebniskontrollen sind darin enthalten.

In der Fallerzählung bleibt offen, was im weiteren Verlauf geschieht. Wird der Patient zur Sicherheit auf die Intensivstation verlegt oder wird der Vorfall vertuscht? Auch für die Folgen, die aus einem Fehler resultieren, sind die Beteiligten verantwortlich. Wenn durch das Offenlegen eines Fehlers Folgeschäden verhindert werden können, ist dies allein schon um des Patientenschutzes willen moralisch geschuldet.

Das Herstellen von Transparenz, die gemeinsame Aufarbeitung, das heisst u. a. die Rekonstruktion von Handlungsketten, die Diskussion um die Berechtigung vom Kausalhypothesen, die Einbeziehung der Betroffenen, angemessenen Situationsdeutungen, gültige Normen und die Erweiterung des

Problemhorizonts durch die Einbeziehung verschiedener Sichtweisen können zu einer expliziten Zuschreibung von (Teil-)Verantwortung bzw. Schuld führen, die im Rahmen des Möglichen «aufgeklärt» ist. Neben möglichst plausibel begründeten Schuldzuweisungen kann eine Aufarbeitung eines geschehenen Fehlers auch eine Ent-Schuldung eines «Sündenbocks» mit sich bringen und damit Menschen von einer schweren und ungerechtfertigten Last befreien. Die Offenlegung von Fehlern und die Aufklärung ihres Zustandekommens dienen zudem der Vermeidung einer Fehlerwiederholung. Qualitätssicherungsmassnahmen in der Krankenversorgung sind darum bemüht, dass «Beinah-Fehler» berichtet werden, um systematische Fehlerquellen zu erkennen und zu verändern.

2. *Prospektive Verantwortung als moralische Pflicht*

Die explizite Regelung von Zuständigkeiten und Arbeitsabläufen zur Sichtbarmachung individueller Verantwortung fördert das Wissen um den Bereich der jeweiligen Aufgaben und darauf bezogenen Verantwortung. Stellenbeschreibungen und Teambesprechungen, die auf diesen Aspekt Wert legen, fördern eine abgestimmte Arbeitsteilung und das individuelle Verantwortungsbewusstsein.

Prospektiv lässt sich aus der oben genannten Fallerzählung lernen, indem die Konstellationen, in denen ein Fehler passiert ist, analysiert und Risikoquellen beseitigt werden. In der Kranken- und Altenversorgung birgt z.B. die teilweise sehr dünne Personaldecke ein hohes Fehlerpotenzial. In Deutschland finden sich Ärzt(inn)e(n) und Pflegende oft regelhaft in Situationen wieder, in denen zu wenige Fachkräfte eine gute Patientenversorgung leisten sollen. Es darf jedoch keine chronische Überlastung von Einzelpersonen durch «gefährliche Routinen» und Dauerbelastungen geben. Institutionelle Rahmenbedingungen können verantwortungsvolles Arbeiten in der Krankenversorgung also erschweren oder aber fördern. Dies gilt insbesondere für den Bereich der Altenversorgung.

Insgesamt sind aus systematischen Analysen geschehener Fehler und viel mehr noch aus der Analyse von Beinah-Fehlern Lehren zu ziehen – insbesondere dann, wenn sich ein Fehler nicht allein durch individuelles menschliches Versagen erklären lässt.[19] Aus der Identifikation beeinflussender Faktoren

—

19 Vgl. z. B. Aktionsbündnis Patientensicherheit e.V. (Hg.), Aus Fehlern lernen. Profis aus Medizin und Pflege berichten, Bonn 2008; Charles Vincent et al., How to Investigate and Analyse Clinical Incidents: Clinical Risk an Association of Ligitation and

können Empfehlungen entwickelt und Umsetzungsschritte erstellt werden. Qualitätssicherungsstrukturen dienen der Vermeidung von Fehlern. Entsprechende Strukturen und Verfahren entlasten Individuen und bewahren sie vor Fehlern in der Patientenversorgung. Berufliche Aus- und Fortbildungen sind Mitarbeiterinnen und Patienten geschuldet. Empirische Irrtümer in fachlicher Hinsicht können auf diese Weise reduziert und die individuellen Kompetenzen erweitert werden, um auch schwierige Situationen zu meistern.

VI. Umgang mit Fehlern und Schuld

1. *Individuelle Schuld*

Moralische Schuld angesichts des Verfehlens eines normativ vorgegebenen Handlungsziels oder angesichts eines angerichteten Schadens ist die Kehrseite der Übernahme oder Zuschreibung von Verantwortung. Die Frage, welche moralischen Sollensnormen verletzt wurden und ob es sich um einschlägige Sollensnormen handelt, ist dabei zunächst offen für Hinterfragungen. Vorausgesetzt wird aber, dass der Mensch zur freien Entscheidung zwischen Gut und Böse fähig ist, eine Entscheidung oder Handlung bewusst und selbstbestimmt erfolgt ist und aus der Perspektive der handelnden Person Alternativen hätten ergriffen werden können.

Angesichts unterschiedlicher Instanzen – Moral, Recht, Religion – wird von «objektiver» oder aber «subjektiver» Schuld gesprochen. Ein juristisches Schuldurteil stellt eine externe Beurteilung im Sinne «objektiver» Schuld dar. Aussenstehende urteilen über die Voraussetzung der Schuldfähigkeit der Person und darüber, ob Zwang vorlag. Recht und Rechtsnormen stellen relativ klare normative Massstäbe dar, die unter Berücksichtigung der Rahmenbedingungen samt faktisch vorhandener, «akzeptabler» Alternativen der Person zu einem Gerichtsurteil führen. Doch jede «objektive» Schuld ist nur im uneigentlichen Sinne «Schuld».

Ein ethisches Schuldurteil kann aufgrund der Frage, ob dem moralischen Sollen ein Können entsprach und ob die entsprechende Handlung bewusst, freiwillig und in Antizipation möglicher Folgen und in Anerkenntnis erkennbarer Alternativen vollzogen wurde, nur von der betreffenden Person selbst als Gewissensurteil («subjektive» Schuld) gefällt werden. Von moralischer Schuld kann zudem nur die Rede sein, wenn die moralische Forderung, gegen

—

Risk Management Protocol: BMU (7237) 320/2000, 777–781; James Reason, Human Error: Models and Management: BMU (7237) 320/2000, 768–770.

die verstossen wurde, unbedingt gilt. Der unbedingte Geltungsanspruch muss vom Gewissen des Betreffenden anerkannt werden.

Ein religiöses Schuldurteil, demgemäss sich der Mensch von Gott entfernt hat, d. h. die Erfahrung des Unheil-Seins, der Sünde macht, kann ebenso wie die moralische Schuld nicht von Aussenstehenden beurteilt werden.

Wiedergutmachung von gravierenden Fehlern sollten die Betreffenden, soweit dies möglich ist, anstreben. Die geschädigten Anderen können den Fehler vergeben. Dabei ist oftmals auch Vergebung sich selbst gegenüber erforderlich: die personal anerkannten moralischen Normen verletzt zu haben und den eigenen moralischen Idealen nicht gerecht geworden zu sein, muss erst einmal in das Selbstbild und Lebenskonzept integriert werden.[20] Ärztinnen Ärzte oder Pflegende, denen ein gravierender Fehler unterlaufen ist, zweifeln oftmals an ihrer professionellen Befähigung und an ihrem beruflichen Selbstbild. Teilweise möchten sie ihren Beruf aufgeben, weil sie meinen, der damit verbundenen moralischen Verantwortung offenbar nicht gerecht werden zu können.

2. *Kontingenz als Grundzug des Menschen: Schuld, Vergebung und Heil*

Philosophische wie theologische Anthropologien zeigen als Wesenszug des Menschen seine Endlichkeit und seine Kontingenz bzw. Fehlerfähigkeit auf.[21] Als Akteure von Handlungen, aber auch als Akteure, die bestimmte Hilfshandlungen unterlassen, die wir anderen schulden, machen wir Menschen in unserem Leben unweigerlich moralische Fehler. Die prinzipiell begrenzte Moralfähigkeit des einzelnen Menschen, die Ausdifferenzierung des moralischen Bewusstseins bei gleichzeitigem Rückfall in zerstörerische Affekte und Handlungen und die Moralfrage als solche verweisen auf die Heilsbedürftigkeit des Menschen. Denn moralische Vernunft kann die Frage der Sinnorientierung nicht ersetzen. Heilsbedürftigkeit ist also nicht nur eine Voraussetzung einer christlichen Religion, sondern sie ergibt sich daraus, dass Moral nicht an die Stelle der Religion gesetzt werden kann.

—

20 Vgl. dazu Hille, Haker, Entscheidungsfindung im Kontext pränataler Diagnostik: Matthias, Kettner (Hg.), Beratung als Zwang. Schwangerschaftsabbruch, genetische Aufklärung und die Grenzen kommunikativer Vernunft, Frankfurt/M. 1998, 223-251, bes. 230f.

21 Vgl. z. B. Reiner Wimmer, Anthropologie und Ethik: Christoph Demmerling (Hg.), Vernunft und Lebenspraxis, Frankfurt/M. 1995, 215-245; Dietmar Mieth, Theologische Anthropologie: Eike Bohlken/Christian Thies, (Hg.), Handbuch Anthropologie, Stuttgart 2009, 250–257.

Eine christliche Anthropologie zeigt in besonderer Weise, dass sich der Mensch in religiöser Hinsicht als heilsbedürftig erfährt. Sünde bezeichnet die Erfahrung des Unheil-Seins des Christen in seiner Beziehung zu Gott.[22] Jeweils etwas unterschiedliche Rechtsfertigungsmodelle für die Zuwendung Gottes, für sein Heil für den von sich aus inkompetenten Menschen haben sich im Laufe der Theologiegeschichte herausgebildet.[23] Eine theologische Anthropologie hebt aber neben der Geschöpflichkeit und Kontingenz des Menschen auch die Gottebenbildlichkeit und das Angenommensein des Menschen durch Gott hervor. Die unbedingte Zusage Gottes heisst, dass die moralische Beurteilung nicht die letzte Bilanz ist, die den Menschen ausmacht. Er ist vor Gott mehr als nur ein moralisches Wesen, seine Würde vor Gott und damit auch seine Menschenwürde ist nicht durch seine Moralität bedingt.

Die Anerkenntnis der Kontingenz bzw. Fehlerfähigkeit als menschlicher Grundverfasstheit kann in sensiblen Bereichen anwendungsbezogener Ethik (etwa in der Krankenversorgung oder medizinischen Forschung) zur Hervorhebung des Vorsichtsprinzips führen und den Blick auf Strukturen der Fehlervermeidung lenken – gerade auch um der Menschen willen, die sich ihrer moralischen Verantwortung stellen.

---

22 Vgl. genauer zum Zusammenhang und zu den Unterschieden des juridischen Schuldbegriffs, des moralischen Schuldbegriffs und der theologischen Rede von «Sünde»: Dietmar Mieth, Wieweit kann man «Schuld» und «Sünde» trennen? Eine theologisch-ethische Überlegung: THQ 160/1980, 177–191.

23 Vgl. weiterführend zu vier Modellen der Rechtfertigung Mieth 2009 (Anm. 21), bes. 254–256.

Isabelle Noth

Die Fehler der anderen und die eigene Schuld
Perspektiven aus Spiritual Care und Praktischer Theologie

I. Einleitung

In der *New York Times* erschien vor nicht allzu langer Zeit ein humorvoller und zugleich ernsthafter Artikel eines Mediziners mit der Überschrift: «Saying Sorry, but for What?»[1] Die persönliche Erfahrung mit einem Klempner, der bei einer Reparatur eine Überschwemmung in der Wohnung auslöste, dafür jedoch das Alter der Rohre verantwortlich machte, nimmt der Arzt zum Anlass, sich einige Gedanken über den eigenen beruflichen Umgang mit Fehlern zu machen. Dabei stellt er fest: «In health care [...] apologies are powerful primal symbols.» Seit Studien in den USA aufgezeigt haben, dass sich jedoch ein positiver Zusammenhang zwischen «the quantity of apology offered [...] and the quantity of cash saved by deflecting subsequent lawsuits»[2] nachweisen lasse, setze ein Umdenken der bisherigen «Klempner-Praxis» ein. Dennoch schrecke man nach wie vor fast instinktiv vor der Verwendung eines «sorry» zurück: «The word carries such strong implications of guilt that we instinctively avoid it [...], even though with ornament and cushioning (‹I'm sorry for what happened›) it implies empathy rather than fault.»[3] Und genau jene Empathie – und sei es nur der Anflug eines «sorry» – hätte angesichts eines gefluteten Schlafzimmers gutgetan.

Ziel des vorliegenden Beitrags ist es, auf einige spezifische Schwierigkeiten im Umgang mit der Thematik «Fehlerfreundlichkeit» hinzuweisen, die in der Fachdiskussion in aller Regel kaum zur Kenntnis genommen werden.

---

1 Abigail Zuger, Saying Sorry, but for What?: The New York Times, July 15, 2014, D6.

2 Ebd.

3 Ebd.

Während sich nämlich intellektuell niemand – schon nur aus rein moralischen, aber inzwischen auch aus ökonomischen Gründen – der Einsicht versperren wird, dass wir eines freundlichen bzw. lebens- und sachdienlichen Umgangs mit Fehlern insbesondere im Gesundheitswesen bedürfen, scheint sich dennoch in der Praxis diesem *common sense* etwas in den Weg zu stellen. Der Ausdruck «Fehlerfreundlichkeit» mag lediglich als begriffliche Unschärfe taxiert werden, kann jedoch auch als ein allererster Hinweis für die an die Oberfläche drängende Problematik gesehen werden: Während Fehler nämlich negativ konnotiert sind, so ist es bei Freundlichkeit genau umgekehrt. Nun sollte Letztere ja nicht den von Menschen gemachten Fehlern, sondern den fehlbaren Menschen selbst gelten. Es geht also in Tat und Wahrheit nicht um Fehlerfreundlichkeit, sondern um Menschenfreundlichkeit angesichts bzw. trotz ihrer Verursachung von Fehlern bzw. ihres Versagens. Worin besteht nun tatsächlich die Schwierigkeit im Umgang mit der Thematik, wieso kann man die gewonnenen Einsichten nicht einfach umsetzen und sich anderen Bereichen zuwenden?

Deshalb nicht, weil der Themenkreis an unsere Tiefenschichten rührt. Es sind jene Schichten, die in hohem Masse auch emotional gesteuert werden und unseren Intellekt quasi umgehen, ohne dass wir es bemerken. Ein deutlicher Hinweis darauf mag sein, dass wir recht problemlos von Fehlern anderer sprechen und sehr einfühlsame Analysen derselben liefern können, es jedoch weitgehend vermeiden, über eigene begangene Fehler zu sprechen. Dieses beredte Schweigen fällt in praktisch-theologischer Sicht auf und gilt als Indiz dafür, dass das Thema sich dazu eignet, Abgespaltenes bzw. nicht mit dem eigenen professionellen Selbstbild in Einklang Stehendes – in tieferem Sinne mit Schuld Verbundenes – von sich möglichst fernzuhalten, indem man es z.B. an anderen abhandelt. Wer es weniger psychodynamisch mag, kann zur Erklärung auch Festingers kognitive Dissonanz-Theorie herbeiziehen: Zur Reduktion des unangenehmen Gefühls, das die Thematik bei einem auslöst, wird sie so behandelt, dass sie einem nicht allzu nahe tritt. So hören wir erfahrene Mediziner und Medizinerinnen von der grossen Tragik eines Pflegers erzählen, der ansonsten ein überaus gewissenhafter und fachlich hochkompetenter Berufsmann ist, dem jedoch ein fataler und folgenschwerer Fehler unterlief, weshalb er die Stelle wechseln musste und seither an seiner Schuld leidet. Die Statusverschiebung – Mediziner spricht über Pfleger und wählt kein Beispiel aus der eigenen Berufsgilde – ermöglicht es, die Thematik anzugehen, da sie in genug grosser Entfernung gehalten wird. Zudem wird ein Extremfall ausgewählt. Nun dienen statistische Ausreisser zur Illustrierung einer Problematik zwar gut, haben aber manchmal auch die Funktion eines

Ablenkungsmanövers. Es sind nämlich kaum die einmaligen und aussergewöhnlichen Einzelfälle, die der reflektierten Bearbeitung eines Themas nützen, sondern der Blick auf die Vielzahl kleiner Missgriffe, Unkonzentriertheiten und Abgelenktheiten, die einem selbst unterlaufen können und schon unterlaufen sind. (Man denke nur an das Ausmass und die Folgen nicht gewaschener Hände im Spital!) Woran liegt es, dass es uns so schwerfällt, uns nicht nur selbst als mit Fehlern Behaftete, sondern auch als selbst für Fehler Haftende ins Zentrum der eigenen professionspraktischen Reflexion zu rücken? Dass dieses Phänomen in allen Disziplinen wirksam ist und als psychisches Grundmuster fächerübergreifend anzutreffen ist, liesse sich im Übrigen am Beispiel der Theologie ebenfalls bestens illustrieren und exemplifizieren!

Aus seelsorglicher Sicht ist die Beschäftigung mit sich selbst unerlässlich, um sich mit anderen befassen zu können. Dieser Grundsatz darf auch auf das Gesundheitswesen übertragen werden. Wer sich ernsthaft mit Fehlern anderer befassen will, hat sich zunächst Rechenschaft über seinen Umgang mit eigener Schuld abzulegen. Wie steht es nun also mit uns und unseren eigenen Fehlern und der mit ihnen zutiefst verquickten Schuld und dem Schuldempfinden?

II. Schuld und Verurteilung

«Wer ist schuld?» – so lautet eine der Fragen, die uns schon von Kindesbeinen an bestens bekannt ist. Wie häufig haben wir wohl alle schon entrüstet erklärt: «Ich bin nicht schuld!» oder «Es ist nicht mein Fehler!» Und wem von uns ist das tief mit Schuld verbundene Gefühl der Scham nicht vertraut? Die Scham kann so stark sein, dass ein Fehler abgestritten wird, noch dann, wenn er augenfällig ist – manchmal dann erst recht. Die verschiedenen Beispiele der vergangenen Jahre in Zusammenhang mit Plagiatsaffären etwa zeugen davon – von Karl-Theodor zu Guttenberg über Bundesministerin Annette Schawan bis zur Zürcher FDP-Politikerin Doris Fiala. Wie vehement wurde da bestritten, gelogen und gedroht. Wir sahen hochrote Köpfe am Fernsehen und hörten mit Inbrunst und in tiefster Überzeugung vorgetragene Schwüre, die sich am Schluss als Lügen entpuppten. Nicht schuld zu sein ist uns wichtig, und zwar nicht nur, weil wir damit einer Strafe entgehen. Woher kommt dieses starke Bedürfnis nach Unschuld?

Eines ist bei diesem Thema aus praktisch-theologischer Sicht nicht genug zu betonen: Es geht nicht um moralische Urteile – so nötig und wichtig sie sind. Es geht um den Versuch zu verstehen, wie es zu Schuld überhaupt kommt. Erst dann lässt sich fragen, wie mit ihr zu leben ist bzw. welche Möglichkeiten des Umgangs es mit ihr gibt. An diesem Punkt gerät die Seelsorge in einen Widerspruch zur gängigen Praxis moralischer Entrüstung, aber auch zu seriöser ethischer Urteilsbildung. Es scheint geradezu so zu sein, dass das menschliche Bedürfnis, auf Fehler und Schuld mit deren Verurteilung, Abwehr und Verwerfen zu reagieren, einer ernsthaften Beschäftigung mit ihrer Prävention hinderlich ist. Wir erwerben nur eine tiefere – seelsorgliche – Einsicht in den Umgang mit Schuld, wenn wir sie bzw. ihre Schwere nicht gleich zu bewerten suchen, sondern es aushalten und den psychischen Aufwand nicht scheuen, sie selber zu verstehen suchen. Diese nicht-wertende Haltung hatte der Psychoanalyse einst den Vorwurf eingetragen, amoralisch zu sein. Und Freud selbst sah, dass gewisse Analysen an dem «Erbübel der – Tugend» litten;[4] man müsse «ein schlechter Kerl werden, sich hinaussetzen, preisgeben, verraten [...].»[5] Es bedürfe «ein solches Stück Verbrechertum».[6] Die Seelsorge knüpft bewusst an diese von Freud provokativ überzeichnete Haltung an. Es geht demnach nicht darum zu verurteilen, abzuwerten, zu verdammen, sondern im Zentrum eines praktisch-theologischen, näherhin seelsorglichen Zugangs steht das Bemühen, die Dynamiken und Mechanismen kennenzulernen, die sich im Umfeld von Schuld und Schuldgefühlen manifestieren. Während sich die meisten Menschen – analog zu den Medien – damit begnügen, ein Verhalten z.B. als schrecklich, fatal oder gemein zu bezeichnen, interessiert sich die Seelsorge für die hinter einer fehlbaren Handlung wirkenden Kräfte, Motivationen und Emotionen.

III. Schuld und Schuldempfinden

Zu den fundamentalen Erkenntnissen der Psychoanalyse, die in die Seelsorge Eingang gefunden haben, zählt die Einsicht, dass Menschen nicht nur für tatsächliche und objektive Handlungen bzw. Fehler (normative) Schuld empfinden, sondern noch häufiger für Dinge, für die sie – von aussen und mit Distanz betrachtet – nichts dafür können. Schuld ist nun mal eben nicht gleich Schuld. Dabei handelt es sich um einen kaum beachteten, aber sehr wichtigen

---

4 Brief Freuds an Pfister vom 05.06.1910 (22 F): Isabelle Noth (Hg.), Sigmund Freud – Oskar Pfister. Briefwechsel 1909–1939, Zürich 2014, 64.

5 Ebd.

6 Ebd.

Aspekt unseres Themas. Sehr oft zeichnet sich nämlich eine negative Korrelation zwischen beiden ab: je schuldiger, desto weniger Empfinden, bzw. je mehr Schuld, desto geringer die Reue. Zu den klassischen Beispielen dieses oftmals vernachlässigten Zusammenhangs gehört das Schuldempfinden von Überlebenden oder von Opfern. Als Beispiel soll eine der erschütterndsten Erfahrungen im Bereich der Spezialseelsorge genannt werden: der Kontrast zwischen einem Insassen, der seine minderjährige Tochter über Jahre hinweg sexuell missbraucht hat und keine Schuld empfindet – im Originalton: «sie hat das gewollt; sie ist immer gekommen, wenn sie Geld brauchte, und dann hat sie angefangen an mir rumzumachen» –, und einer Frau, die als Kind vergewaltigt wurde und sich dafür lebenslang schuldig fühlt. In solch krassem Missverhältnis können Schuldverhalten und Schuldempfinden stehen. Bei weitem häufiger als ein Tun-Ergehen-Zusammenhang ist ein Erleiden-Ergehen-Zusammenhang auszumachen. Oder in den Worten von Renate Schernus: «Das Misstrauen von Psychologen, Soziologen und Psychotherapeuten gegenüber der Schuldfrage hat natürlich gute Gründe, erlebt man doch gerade in diesen Berufen besonders eindrücklich, welch ausgesprochen geringe Neigung Schuldgefühle aufweisen, proportional zu dem zu sein, was ein Mensch durch Handeln oder Unterlassen von Handeln wirklich zu verantworten hat.» [7]

Einblicke in die komplexen Zusammenhänge von Schuld und Schuldempfinden zu erhalten, und die Möglichkeiten, diese seelsorglich zu bearbeiten, dies sind die Ziele einer praktisch-theologischen Beschäftigung mit der Thematik. Insbesondere geht es darum, ein Bewusstsein für unser tiefes Bedürfnis nach Unschuld zu wecken und den Mechanismen auf die Spur zu kommen, die dieses zu einer bestimmenden Macht über uns Menschen werden lassen.

IV. Spiritual Care als Chance

Sowohl strukturelle Massnahmen als auch die individuelle und existenzielle Belastung der Behandelnden sollen in diesem Beitrag im Fokus stehen. Was kann nun Spiritual Care dazu beitragen?[8]

—

7 Renate Schernus, Wer hat den schwarzen Peter? Die Bedeutung von Schuldzuschreibung in der Psychiatrie: WzM 43/1991, 407–418 (414).

8 Vgl. dazu Isabelle Noth/Claudia Kohli Reichenbach (Hg.), Palliative und Spiritual Care. Aktuelle Perspektiven in Medizin und Theologie, Zürich 2014.

Sowohl in der Luftfahrt wie auch in der Medizin hat man nachgewiesen, dass eine hohe Anzahl von Vorfällen «auf Störungen im zwischenmenschlichen Bereich, also auf Verhaltensstörungen im Team zurückzuführen sind».[9] Es sind also in hohem Masse nicht technische, sondern kommunikative und psychologische Gründe, die Auslöser von Fehlern sind. Das heisst: Wer zu einem Abbau der Fehlerquote beitragen möchte, muss sich demnach zuallererst nicht den Geräten, sondern den Menschen und ihren Beziehungen zuwenden. Spiritual Care bietet als interprofessionelle Plattform die Möglichkeit, gemeinsam – über Disziplinen hinweg – auf einer persönlichen, zwischenmenschlichen Ebene miteinander im Team dem eigenen Bedürfnis nach Unschuld auf die Spur zu kommen. Vorausgesetzt wird die Annahme, dass das bewusste Anerkennen dieses Bedürfnisses zu mehr Freiheit und Verantwortlichkeit verhilft. Es geht nicht darum, erst wenn Beinahe-Katastrophen geschehen sind, nachträglich miteinander zu analysieren, was geschehen ist, sondern sich schon vorher über Werte, Sinnfragen und Transzendenz auszutauschen. Dieser Austausch fordert den Berufsleuten mehr ab, als nur «die gute Stimmung im Team nicht verderben [zu] wollen»[10]. Es erfordert ein Mass an Selbst- und Fremdreflexion, das der eigenen Tätigkeit und deren möglichen Risiken angemessen ist. «Am wichtigsten für eine gute Kritikkultur sei das Umfeld.» Dieses müsse «psychologische Sicherheit vermitteln.»[11] Eine Vielzahl empirischer Studien legt nahe, dass die Auseinandersetzung mit Spiritualität und Religiosität eine Ressource ersten Ranges sein kann – sie hilft kritische, einschneidende Lebensereignisse besser bestehen und bewältigen, sie hat signifikant positive Auswirkungen auf Stress, ist verbunden mit besserer Lebenszufriedenheit, geringerer Feindseligkeit, weniger schlechten Gefühlen und mit innerer Sicherheit – trifft dies zu, so trägt sie zu all dem bei, was es zur Förderung einer fehler- bzw. menschenfreundlichen Kultur benötigt. Sie befähigt dann auch zur Einfühlung, wenn ein Fehler geschehen ist, und scheut auch nicht zurück vor dem, was vielen so schwer fällt und dennoch so dringend benötigt wird, nämlich einer Ent-schuldigung.

—

9 Urs Haller et al., Von der Schuldfrage zur Fehlerkultur in der Medizin. Risiken, Fehler und Patientensicherheit: Gynäkologisch-Geburtshilfliche Rundschau 45/2005, 147–160 (150).

10 Martina Frei, Herr Chefarzt, Sie irren: Sonntagszeitung vom 16.11.2014, 63.

11 Ebd.

Autorinnen und Autoren

Konstantin Beck: Prof. Dr. oec., Leiter des CSS Instituts für empirische Gesundheitsökonomie in Luzern und Titularprofessor der Universität Zürich für Gesundheitsökonomie und Statistik.

Monika Bobbert: Prof. Dr. theol., Dipl. psych., Professorin für Theologische Ethik und Sozialethik; Leiterin des Instituts für Sozialethik, Theologische Fakultät der Universität Luzern.

Eva-Maria Jordi Ritz: Dr. med., Spezialärztin für Anästhesiologie, Master of Medical Education (MME), Universität Bern, arbeitet als Anästhesistin im Universitäts-Kinderspital beider Basel und ist dort die Leiterin des lokalen Critical Incidents Reporting Systems und der simulations-basierten Lehre.

Frank Mathwig: Prof. Dr. theol., Beauftragter für Theologie und Ethik beim Schweizerischen Evangelischen Kirchenbund (SEK) und Titularprofessor für Ethik an der Theologischen Fakultät der Universität Bern.

Torsten Meireis: Prof. Dr. theol., Professor für Systematische Theologie/Ethik an der Theologischen Fakultät der Universität Bern.

Settimio Monteverde: Prof. (FH) Dr. sc. med. / PhD, lic. theol., MME, MAE, RN, Dozent an der Berner Fachhochschule, Fachbereich Gesundheit, Studiengang Pflege sowie Klinischer Ethiker am Universitätsspital Zürich.

Isabelle Noth: Prof. Dr. theol., Professorin für Praktische Theologie mit Schwerpunkt Seelsorge, Religionspsychologie und Religionspädagogik an der Theologischen Fakultät der Universität Bern und Co-Direktorin des Instituts für Praktische Theologie.

Rouven Porz: PD Dr. phil. und dipl. biol., Leiter der Fachstelle klinische Ethik, Inselgruppe AG und Privatdozent an der medizinischen Fakultät Bern.

Michelle Salathé: Juristin mit einem Master in Advanced Studies in Applied Ethics, stellvertretende Generalsekretärin der Schweizerischen Akademie der Medizinischen Wissenschaften (SAMW) und Leiterin des Ressorts Ethik der SAMW.

Cornel Schiess: BScN, RN, Wissenschaftlicher Assistent am Nationalen Kompetenzzentrum für Evidenzbasierte Pflege swissEBN des Instituts für Angewandte Pflegewissenschaft der FHS St.Gallen, Hochschule für Angewandte Wissenschaften, konzentriert sich im Rahmen des Studiums zum MScN auf Patientensicherheit.

Regula Schmitt: Dr. med., FMH Innere Medizin, spez. Geriatrie, Ärztin in der tilia Stiftung für Langzeitpflege Bern, Ittigen, Köniz.